叶天士

温病学家

吕欣 编写

吉林出版集团股份有限公司
全国百佳图书出版单位

图书在版编目（CIP）数据

温病学家 叶天士 / 吕欣编. -- 长春：吉林出版集团股份有限公司，2020.2（2023.5重印）
ISBN 978-7-5581-7926-6

Ⅰ.①温… Ⅱ.①吕… Ⅲ.①叶天士（1667-1746）-传记 Ⅳ.①K826.2

中国版本图书馆CIP数据核字(2019)第260368号

温病学家　叶天士
WENBING XUEJIA　YE TIANSHI

| 编　写 | 吕欣 | 责任编辑 | 黄群 |
| 策　划 | 曹恒 | 封面设计 | MM末末美书 |

开　本	710mm×1000mm　1/16	出版/发行	吉林出版集团股份有限公司
字　数	75千	地　址	吉林省长春市福祉大路5788号
印　张	8	邮　编	130000
版　次	2020年2月第1版	电　话	0431-81629968
印　次	2023年5月第2次印刷	邮　箱	11915286@qq.com
印　刷	三河市金兆印刷装订有限公司　ISBN 978-7-5581-7926-6　定　价 39.80元

版权所有　翻印必究

前言

中医文化是中国优秀传统文化的重要组成部分,具有创新文化的潜质。中医学是中国传统科学中沿用至今的富有中国文化特色的医学,它具有完备的理论体系、独特的诊疗方法和显著的临床疗效等特征。在中华民族五千年的历史长河中,中医学始终担负着促进人身健康的重要角色,是中华民族长期同疾病做斗争的智慧结晶,它为中华民族的繁衍、昌盛提供了重要保障。

《温病学家 叶天士》这本书主要收录了叶天士的成长经历和奇闻逸事等。读者通过这些故事,可以了解中医名家救死扶伤、拯救天下苍生的医德精神和中医文化的博大精深。

本书内容通俗生动，易于读者阅读。书中配以与中医文化知识相关的图片，并选取了具有代表性的叶天士家乡的特色风光作为跨页大图，使本书的内容更加生动传神，更具亲和力和吸引力。本书不仅是为了让读者了解中医文化，更是为了讲好"中国故事""中医故事"。

　　希望通过本书，读者对优秀中医文化会有更加深刻的了解和认识，能够更加热爱中医文化。通过我们对医学名家的传颂，优秀的中医文化必将再放异彩。

目录 MU LU

第一章
神童抱脉诊 幼年承家学 —— 1

第二章
虚心好学 师承十七师 —— 15

第三章
"三人行，必有我师焉" —— 35

第四章
众生平等 妙手回春显神通 —— 53

第五章
见微知著 医术如神 —— 79

第六章
桃李芬芳 传世继学 —— 93

后记 —— 118

叶天士（1667—1746年），清代医学家。名桂，字香岩，江苏吴县（今苏州）人。著有《温热论》等。

第一章

神童抱脉诊　幼年承家学

"立身以立学为先，立学以读书为本。"清代名医叶天士生于医学世家，从小在祖父和父亲的熏陶下，勤奋好学，熟读历代医学名著。爱读书的习惯影响了他的一生。

清朝初期，美丽如画的江南，正值丹桂飘香的时节。然而，在人文昌盛之地的吴县百姓却过着流离失所、食不果腹的生活。在逃难至吴县的难民里，有一家姓叶的中医世家。叶家所到之处，对贫穷百姓施医舍药，治病救人，受到当地百姓的爱戴和欢迎。在叶家，老爷子叶紫帆（一作子蕃）医术高超，是无人不知、无人不晓的老中医。儿子叶阳生医术更是青出于蓝，被誉为"救命郎中"。父子二人的医术声名远播，慕名寻医的人越来越多。叶家的日子越来越兴旺，可是美中不足的是，叶阳生接近不惑之年，却膝下无子。叶老爷子急得直唠叨："'人留子孙草留根，天留日月佛留经'，可到现在，叶家还没有传承之人，这可如何是好？"

或许是叶家积德行善的结果，又或许是上天恩赐的缘故，终于在康熙四年（1665年）的年终岁末，叶家等来了叶阳生夫人有孕的喜讯。转年秋天，承载着全家希望的男孩降生了。这孩子红红的皮肤，圆圆的脸蛋，五官端正，眉目清秀，可爱极了。

叶阳生抱着孩子站起身，忽然闻得一缕江南晚桂特有的香气。叶阳生朝窗外望去，一眼就看到院里那棵直耸的桂树，于是对所有人说："这个孩子就叫'桂儿'吧！"

转眼间，桂儿满周岁，遵照江南的"试儿"习俗，要进行"抓周"，以此来占卜他的志趣、前途和将要从事的职业。父亲叶阳生命人在自家大厅中间摆放一张长条大案，案端摆放有经书、印章、钱币、毛笔、砚台、算盘、烧饼、油果等五花八门的物件，而在桌案的另一端，却孤零零地摆放着一个不起眼的脉枕——这是老人们精心设置的。

这天，桂儿胖胖的小圆脸洗得干干净净，头发梳理得平平整整，换上了崭新的衣帽、鞋袜，依偎在母亲的怀抱里，显得格外可爱。家人按照习俗，先是祭拜先祖，

抓周

然后围着孩子,说了一些祈福的话语。接下来,就要进行抓周了。

母亲把桂儿抱到大案前,轻轻地搁在摆放着丰盛物品的一端。大家静静地围在大案周围,心急地猜想:桂儿到底会抓什么呢?一岁的桂儿,根本不明白眼前这些意味着什么。他左右看了看眼前琳琅满目的物件,充满好奇地快速向前爬去。一双稚嫩的小手向前倒换着,从桌子的一端爬向另一端。奇怪的是,他对眼前的一堆好玩意似乎不屑一顾,推开这个,爬过那个,直奔角落里的脉枕。最后,桂儿把小脉枕紧紧地抱在怀里,乐呵呵的,像是得了什么宝贝。

"太不可思议了,桂儿一准儿是天生学医的人儿!"家人都不由自主地惊叹起来。

四书五经

对桂儿的"表现"最满意、最高兴的,当属父亲叶阳生了。他激动得热泪盈眶,抱起桂儿使劲儿地亲了又亲,随后将他举过头顶,兴奋地说:"天意呀,天意!桂儿与医有缘,咱们叶家的医术传承终于有指望啦!"

兴趣是最好的老师,兴趣是推动积极学习的一种巨大的动力。有了兴趣,在学习中才能产生很大的积极性,"教必有趣,以趣促学"。古往今来,许多成就卓著的人,他们的成功往往萌生于青少年时代的兴趣中,他们沿着兴趣开拓的道路走下去,最终找到了成功的路径。

孙思邈雕像

　　叶天士自幼在私塾学习四书五经，同时也由父亲指导背诵医书、研习医理。他首先背诵的就是药王孙思邈的《大医精诚》，因为要成为一名优秀的医者，不仅要有精湛的医技，还要有治病救人的医德。别看叶天士年幼，他却能将《伤寒论》倒背如流。兴许是由于兴趣所致，他读起枯燥的治病古方，竟能轻车熟路，使用方剂时也能游刃有余。父亲叶阳生对儿子的表现感到很欣慰，准备将家学医术传授给儿子，于是他命叶天士跟随自己出诊治病。

　　一次，叶天士随父出诊时，刚送走一个病患，就看到一个妇人抱

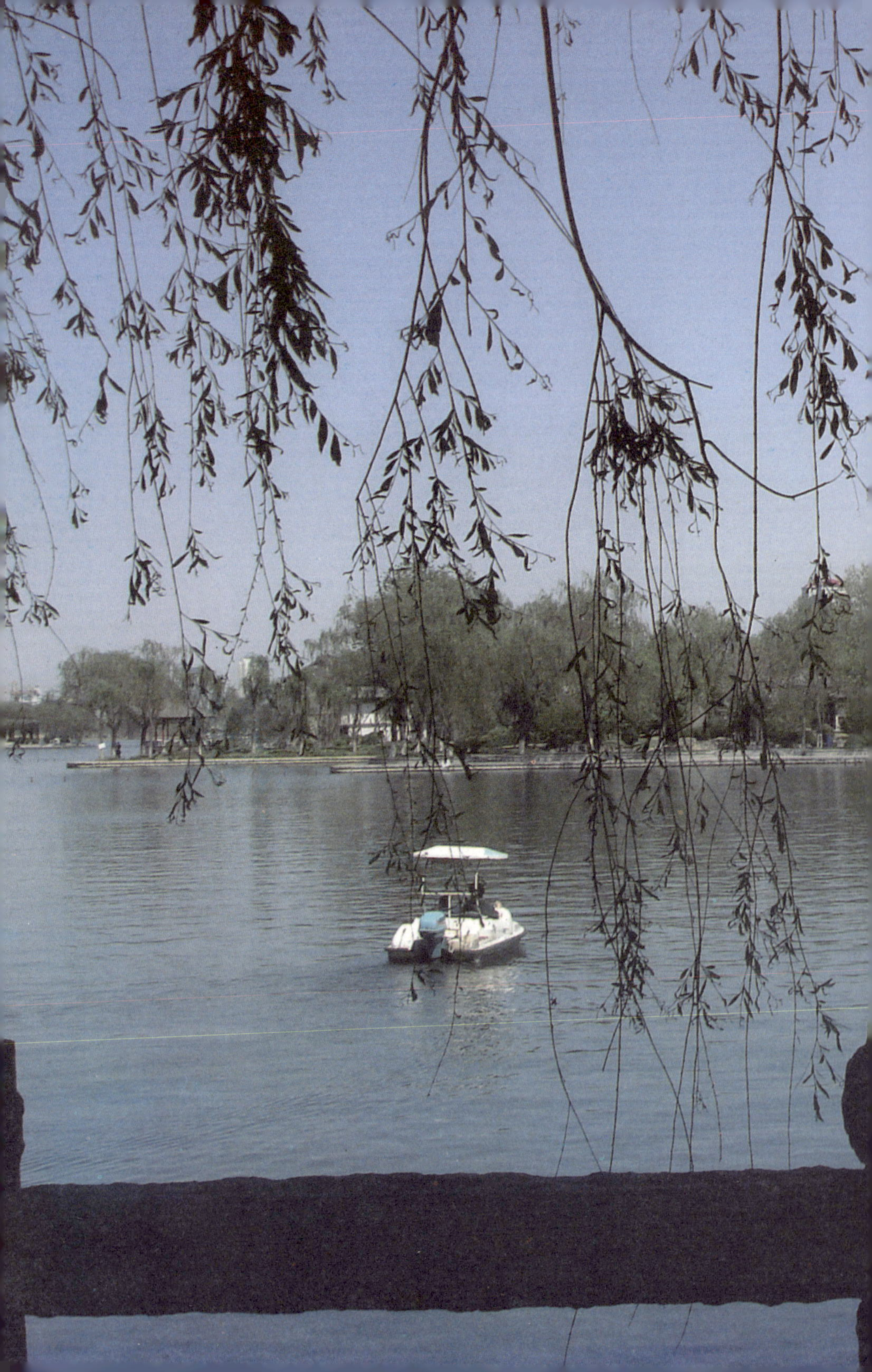

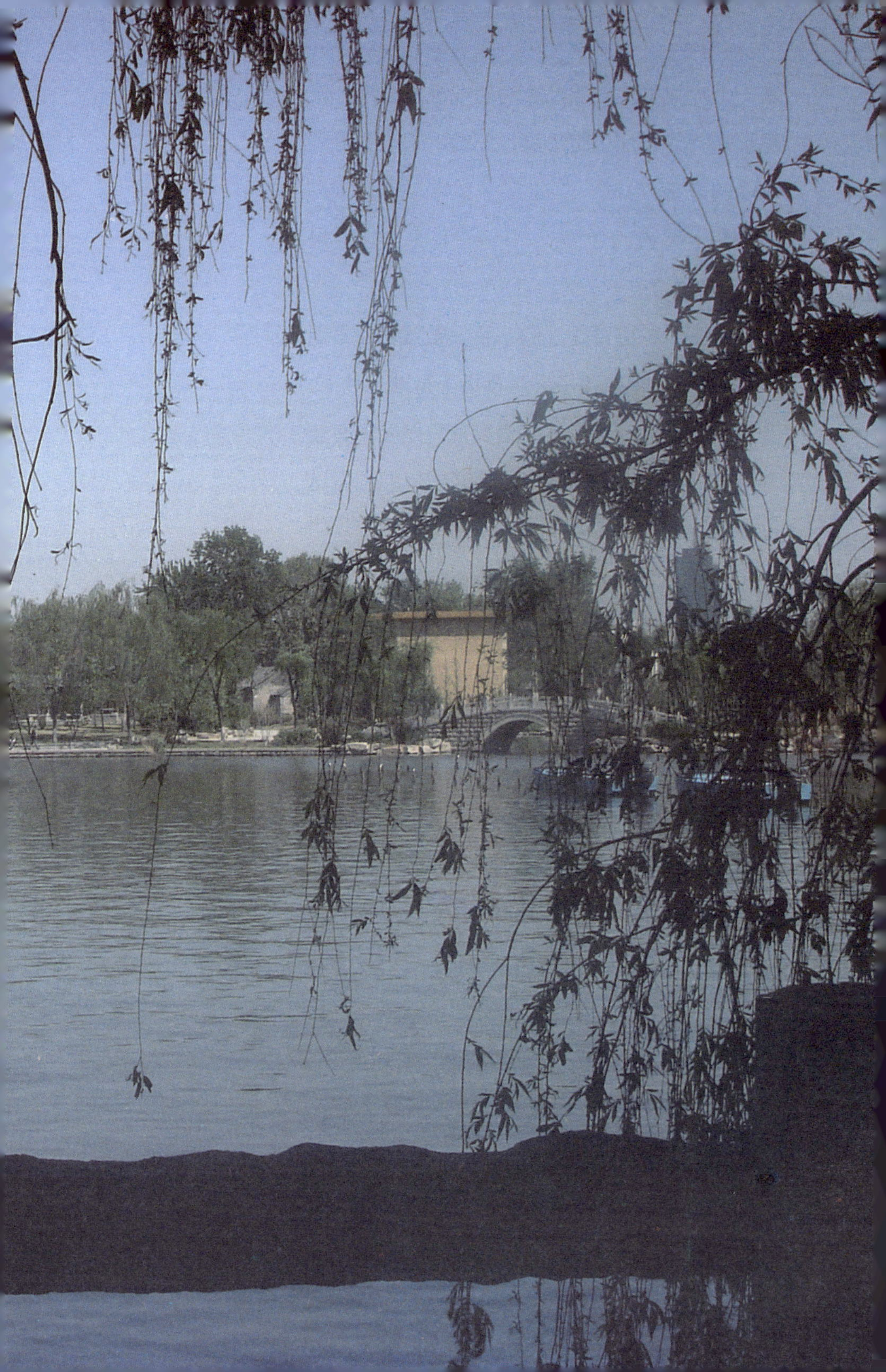

着一个啼哭不止的婴儿急匆匆地进入医馆。只见那啼哭的婴儿小腹隆起，仔细听来能够听到咕噜的声音。

妇人哭道："大夫，快看看我家虎娃这是怎么了啊？"

叶阳生先接过婴儿的小手，看孩子还不足一岁，就拿拇指在孩子右手食指上直推了几下，见指头仅微微泛青，就知道婴儿只是肚子有些着凉而已，随后转身问："徒弟们，你们看这该怎么治呢？"

叶天士抢先回答："隔姜灸神阙穴，生姜温中祛寒，正好可以除去肚中的寒凉。腹痛位置在腹中，因为婴儿不足一岁，使用隔姜灸的方法可避免治疗中的疼痛。"

叶阳生微笑着点头，表示同意叶天士的诊治办法。叶天士手脚麻利地将孩子的衣襟卷起，用做好的艾柱和生姜对孩子的肚脐神阙穴施灸。很快婴儿便停止了哭泣，肚子传来阵阵声响，"噗"——虎娃放一个屁，逗得大家哈哈大笑。

妇人连连夸赞叶天士不简单，看着人小，却能灵活地使用医术，将来必将继承家学衣钵。叶阳生也欣慰地看着儿子，捋起了胡须。

叶天士就这样勤奋地学习，默默地积累经验，提高自己的医术。兴趣是最好的老师，兴

生姜

落叶纷纷

趣让叶天士在医学的海洋中乘风破浪，治病救人，恪守医德，日渐成长。

温室里培养不出强悍的花朵，荣誉的桂冠总是在逆境中用荆棘编成。环境对人的成长是有必然影响的。通常逆境中的人因更能正视自我，更具有挖掘自我的勇气和巨大潜力，更加奋勇拼搏，而最终成材。古今中外身处逆境而有卓越建树的人中也包括叶天士。

秋天到了，落叶纷纷，叶紫帆老先生和老夫人先后仙逝，给叶阳生的内心造成沉重的打击。亲人的相继离世，将叶阳生的身体彻底击垮，他忧心成疾。

在弥留之际，叶阳生将叶天士叫到床边叮嘱道："桂儿，你已经长大了，以后要好好照顾母亲，继续潜心医术，治病救人，将家学发扬光大。父亲不能再照顾你们了，请原谅我！"

桂儿哭着答应了父亲的嘱托，难过地趴在父亲的怀里。

办完父亲的丧事后，桂儿像长大了一样，不再让人唤他"桂儿"，让所有人叫他叶天士。就这样，少年叶天士在经历了至亲离世的悲痛后彻底改变了自己的成长轨迹。他青涩的面庞上多了一份坚毅、一份勇敢，他更加努力地学习医术，增进自己的学识，励志弘扬家学，治病救人，要像祖父和父亲一样，悬壶济世。

叶天士女科诊治秘方

少年叶天士先是跟随大师兄朱桂祥学习家传医学，改叫大师兄为师父。叶天士每日早起晚睡，一边照顾母亲，一边学习父亲生前擅长的儿科诊疗医术。经过三年刻苦的学习，他逐渐掌握家传医学，能够单独接诊病患，处治有余。但叶天士并不满足于现在的医术水平，只要有机会就继续研习医书，寻找良方。

朱桂祥看出了他的心思，将他唤到身边说道："叶天士，因你的勤勉和你在医学上的天赋，你的前途无量。现在我将修书一封，将你介绍给我在江南的表弟，他姓唐，专长女科。希望你开阔自己的眼界，学习更多的救治之术。"

听完师父的话，叶天士惊喜地说："谢谢师父的倾囊相授，我一定不辜负师父的厚望，好好跟叔父学习女科。"

第二天，叶天士就向母亲和师父道别，启程去松江府唐家学习女科诊治之术。他家学渊源，医学功底牢固，常能触类旁通，将问题串联起来，找出贯通的办法。唐先生十分看中他的良好医德、勤学好问，便将女科诊治的知识全部传授给他了。

经过几个月的潜心学习，叶天士已学到女科的精髓，便向唐先生告辞，回到了家乡吴县。

知识加油站

"悬壶济世"是形容哪个行业的成语？

古时医者常背着一个药葫芦行医，后用"悬壶济世"隐喻医者救人病痛、救济世人的高尚品德。这个成语出自《后汉书·方术列传·费长房》。

悬壶济世　成语

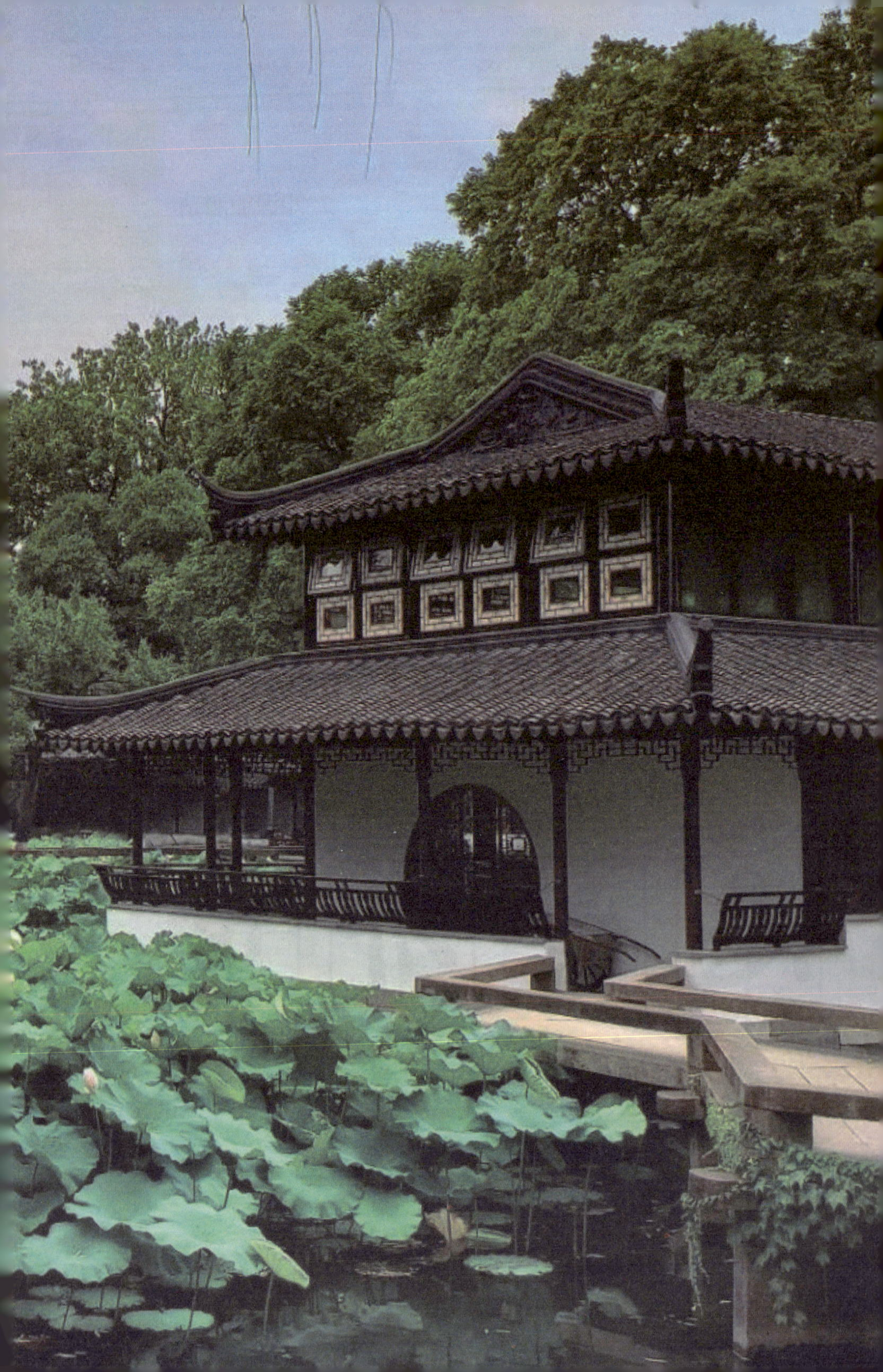

第二章

虚心好学　师承十七师

自古学习中医,讲究拜师学艺。师者,即典籍、医案、同行、名家。拜师要怀有敬畏之心,谦恭之态,领悟行医的奥秘。

"夫子焉不学?而亦何常师之有?"——《论语·子张》。

"何常师之有",他随时随地向一切人学习,谁都可以是他的老师,何必有固定的老师。

学成归来的叶天士由于精通儿科和女科的救治之法,行医更加游刃有余,名声也慢慢传到了十里八乡,每日前来问诊的病人络绎不绝。

一日,忙了一天的叶天士正准备停诊,就看到一个瘦弱的书生扶着头走了进来。叶天士忙问道:"看你年纪尚轻,怎么就得了这么严重的头痛病?"

书生答道:"我本来体格健壮,但最近却头痛难忍,不知因何缘故。"

叶天士伸手把脉,发现书生是因为最近得了风寒,导致脑袋连肩膀一起疼痛,并没有大碍。

书生一听,喜上眉梢,连说道:"我

是听闻小大夫医术高明，才赶了许多天的路来看病的。其实我已让叔父刘一针看了许久的病，可叔父的汤药和针灸之术却没能治好我的病。这才劳烦小大夫帮我诊治，小大夫的医术果然名不虚传。"

叶天士听完书生的感激之词后，内心已暗暗打定主意，他微笑着跟书生说："倘若我治好你的病，你可否答应我一个请求？"

书生欣然同意。二人约定，叶天士将书生的头痛病治好后，书生即刻满足叶天士的请求。

吃过两服汤药后，书生的头痛病果然好转。叶天士连忙请求：希望书生引荐，让自己能够去书生的叔父那里学习他的针灸之术。

就这样，少年叶天士又一次暂别老母亲，赶往山东，向刘一针请教针灸之术。水路又转陆路，几经周折后，叶天士来到了刘一针的医馆。正值午休时间，但叶天士已经等不及了，就贸然走入医馆，准备拜访刘一针。叶天士还没来得及向刘一针鞠躬，就被医童赶了出来。医童悄声告诉他，师父的规矩就是午休绝对不接诊，如有急事，下午早些过来。叶天士连忙点头，然后悄悄地出去了，转到旁边的茶铺等候。这一切都被刘一针看在眼里。

叶天士等到下午最后一个病人看完病以后，才起身向刘一针毕恭毕敬地说明来意。刘一针看着叶天士稚嫩的脸庞上充满了真诚和谦虚，便欣然将他留下，让他跟随自己的徒弟们一起随诊。叶天士又拿出勤学好问、细心问教的精神，每日第一个早起温习功课，每晚整理完药房后最后一个休息。很快，在刘一针的悉心教导下，叶天士逐渐领悟到针灸的神奇和行针的要理。

半年的时间转瞬即逝，叶天士依旧保持着初到医馆时的样子，勤奋好学，保持着对学习医术的炙热之情。这一日，医馆忽然涌入一群人，吵吵嚷嚷着说要见刘神医。原来，一名产妇难产已有一日，已经目光涣散,气若游丝。产妇的家人不停地求着:"请刘神医救命啊!救救我们家的两条人命吧!"

刘一针看着产妇的模样,一时间也不知如何是好。他擅长针灸之术,但不通女科,只得说道:"我看这妇人已经不行了,你们快抬回去吧。"

妇人再次因为生产的疼痛叫出声来。站在一旁的叶天士仔细观察着妇人,果断上手切脉,断定妇人是生产中已经使不出力气了。叶天士忙向师父问道:"产妇的脉象已查清,可否让天士一试?"

得到师父的许可后,叶天士连忙取来银针,分别在相应的穴位下针,左右捻转。然后,转身命妇人的家人赶快把产妇抬回家,给些芝麻油,马上就能生了。众人忙遵照行事,果然,半个时辰后,妇人家人再次来到医馆,向叶天士表示感谢,报母子平安。

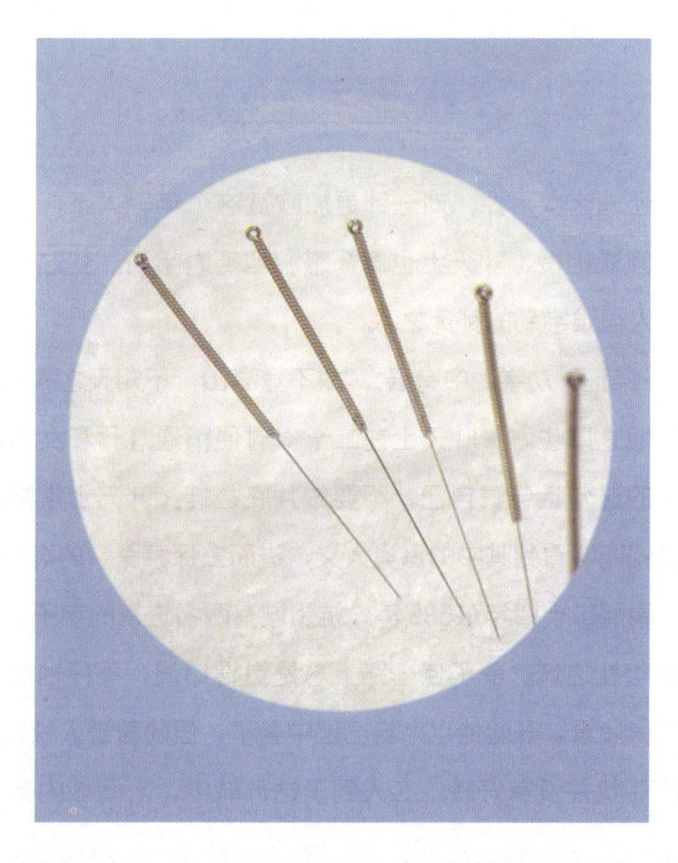

银针

《荀子·劝学》内文

经过这次事件，刘一针更加欣赏这个年轻人了，便将毕生的医术经验倾囊相授。叶天士也满怀感激地努力学习。就这样，叶天士学到了旁人很难学到的针灸之术。

《荀子·劝学》中有云："故不登高山，不知天之高也；不临深溪，不知地之厚也。"叶天士在二十岁时便精通儿科和女科，但他仍常以荀子的这句话告诫自己，不要做井底之蛙。叶天士常常从一件问诊的小事就能够看到其中的深奥大义，进而去探索医学的巍巍高山。

康熙二十四年（1685年），杭州城有两名进京的学子，一名叫薛子佳，一名叫杜之城。薛子佳一路上总是觉得口渴，不停地想喝水，走路也总觉得疲累。开始他以为自己是中暑了，但随着进入秋天，天气转凉，他的症状并没有好转。二人到了姑苏城中，听闻城内有个出名的大夫

雷峯塔

苦参

叫叶天士。杜之城赶忙建议薛子佳让叶大夫瞧瞧，他已觉察出薛子佳的病并不是中了暑气的缘故。

　　叶天士诊脉后，说道："薛公子得了消渴病已有些时日，所以常常会感觉到浑身无力，总想吃饭、喝水、上厕所。"

　　薛子佳一听，赶忙应道："确实是这些症状，请您快些治好这毛病。明年的会试临近，我和杜兄还要快些赶去京城。"

　　叶天士摇摇头说："你的面色已经发黑，不建议你再赶路，快些回家吧。你这病估计最多还有两个月的期限了。"

　　这下可吓坏了薛子佳，他踉跄着从医馆里出来，带着叶天士为他开的汤药，没了主意。一旁的杜之城思索了一下说道："我看你这一路虽然总是有这些症状，但精神状况很好，体格也很健壮，并不像他所说像个

连翘

快要死的人。我觉得你的病情应该并没有这么严重。"

　　慢慢缓过神来的薛子佳，心有不甘地想着这些年寒窗苦读的时光、家中老母的期盼，还有自己的宏图抱负。最后，他决定继续赶路，一定要参加来年的会试。

　　接下来的时间里，薛子佳走得并不轻松。他感到更加的口渴和疲惫，但一直咬牙坚持着。走到了金山的脚下，二人决定早些到客栈休息，养养精神。他们住的客栈人很多，杜之城闲来无事，出去问询金山有趣的地方是哪儿，为什么能吸引这么多游人？经此一问，他才知道客栈里的客人大多是来找金山寺的住持看病的。

　　杜之城连忙将这个好消息告诉了薛子佳，二人都觉得或许真的能碰到神医，可以治好薛子佳的病。

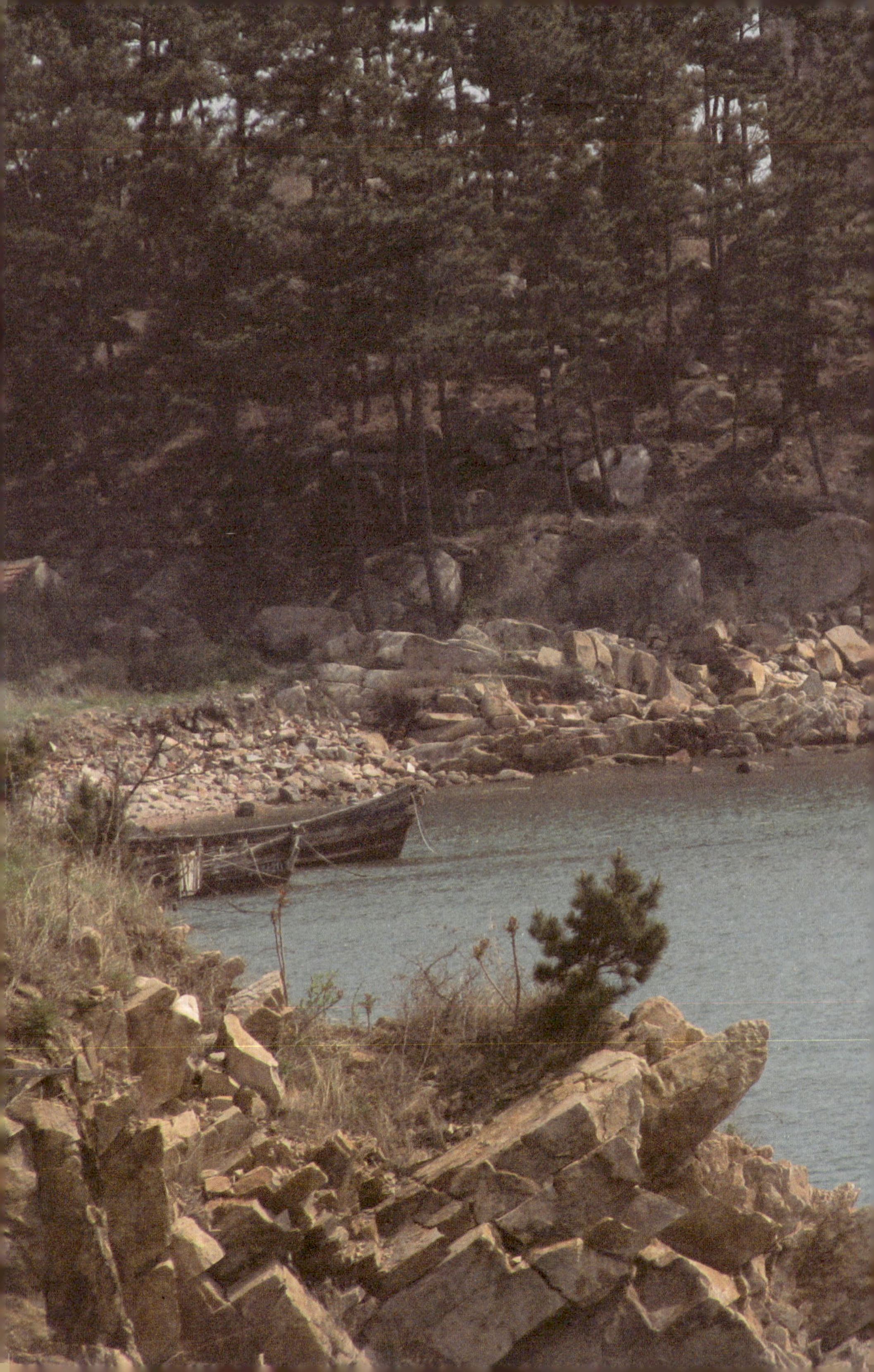

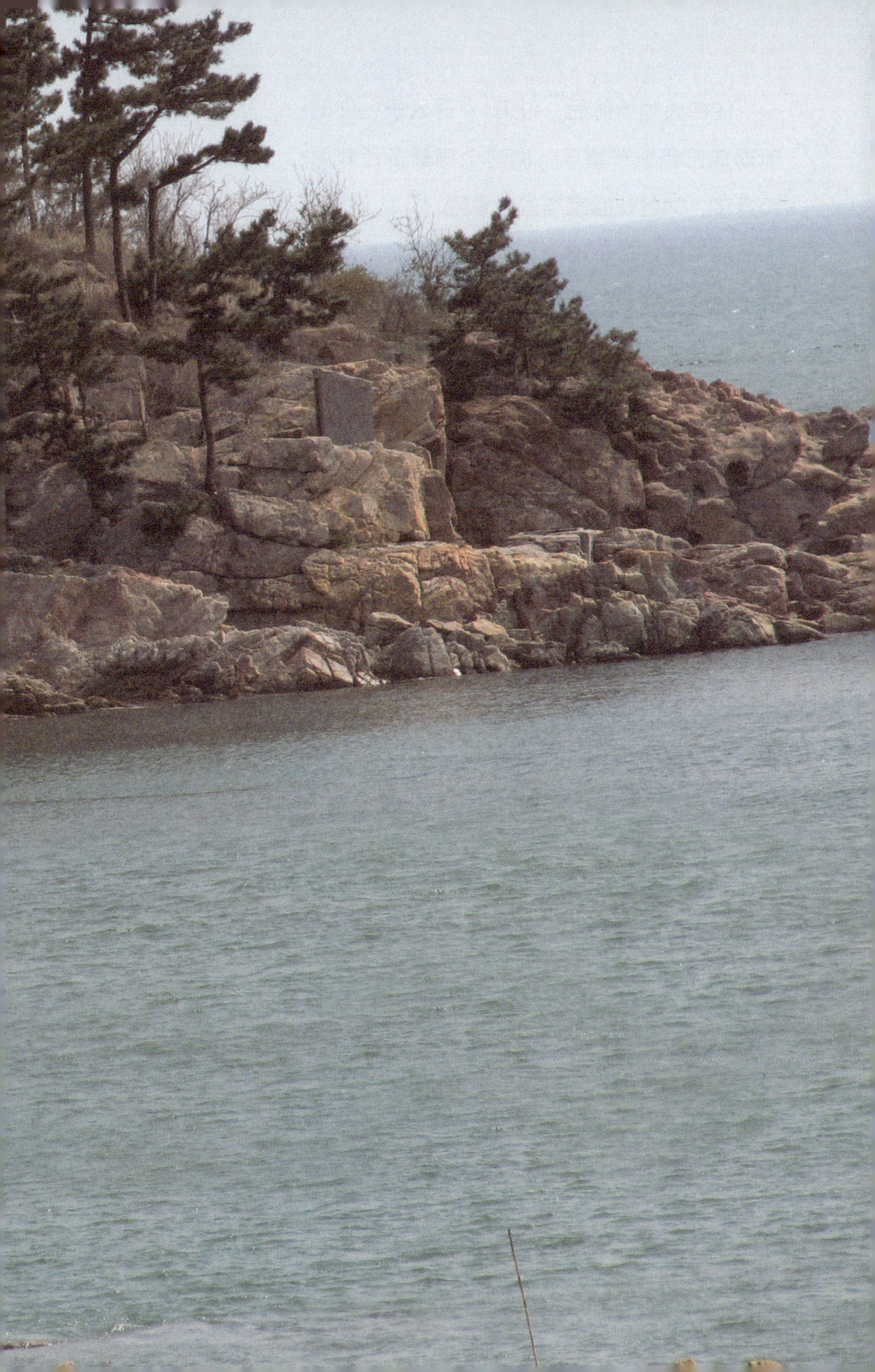

住持大师诊脉后,说道:"薛公子,你的消渴病已经很严重了。你这个病最多还有两个月了,你赶快回家准备后事吧。"

薛子佳一听,哭道:"果然是这样!和叶天士说的一样!"

住持大师笑着说道:"真有人给你诊出病症来了?他怎么治疗的?"

薛子佳摇摇头:"他并没有诊治我,也是让我回去准备后事。"

住持大师哈哈笑道:"不是所有人都能治这个病。治你这个病,我有个办法。但这个办法是否奏效,要看你是否能坚持一百天。"

薛子佳连连点头答应。大师慢慢地说:"你去北方的时候,买一车秋梨,渴了也吃它,饿了也吃它,蒸熟以后当饭吃,坚持一百天,你这个病就好了。"

薛子佳遵照住持的话,走的时候买了一大车秋梨,每日只吃秋梨,一路上真的平安无事,还通过了会试。薛、杜二人开心地赶路返乡。但二人再次走到姑苏城的时候,薛子佳又出现了与之前一样的症状,无奈之下,再次找到叶天士诊治。

叶天士把过脉后说:"你这个病,与之前的病症一样,只是我很震惊你是怎么度过这半年的,你可是请哪位名医看过吗?"

薛子佳将之前的事细细说清。叶天士听完，已经知道他再次生病的原因了。原来，薛子佳在吃了八十天梨后觉得自己的病已经好了，就不再吃梨了。所以，叶天士嘱咐道："你快再去买些秋梨，连着再吃四十天，你的病肯定就会好了。"

送走薛、杜二人之后，叶天士开始思考金山寺住持以吃梨治消渴病的治疗依据。想通后，叶天士决定一定要拜这位名声远播的住持为师。就这样，叶天士再次踏上了拜师学医的旅程。

在启程赶往金山的途中，叶天士回想主持为什么以秋梨为食：秋梨酸甜生津，又属寒凉的食物，正对消渴病因内热而使身体需要津液的症状，长久食用便达到了消减胃热、增加津液的疗效。这真是微妙

秋梨

的破解消渴病的方法！可见大师的医术已登峰造极，大师能够灵活运用万物相生相克的道理，自己更应当拜这位主持为师，学习他精湛的医术。

叶天士抓紧时间向金山寺赶去，他将自己打扮成贫苦的农民模样，先以病人的身份接触到住持大师。叶天士随即向大师表明来意，说道："请住持大师收我为徒，待我学成之后，必将为劳苦的穷人医治病痛。求您收我为徒吧！"

住持大师打量着这个充满真诚的少年，说道："你暂且留在寺里帮忙做些杂务，每日接待医患，就先从整理医案开始吧！"

叶天士开心地连忙点头应下，接着便开始了又一次的学医之旅。叶天士依旧保持着他对医学热情、对事勤勉、对人谦和的优良品质。住持大师十分欣赏这个小徒弟，不管去哪看病都带着他，与他探讨医道。

金山寺

有一天，主持带着叶天士，赶往山下村子为一位少年诊病。途中，住持好奇地询问叶天士："你的医术已经达到融汇古今、横贯通达的水准，完全可以自己另立门户，就像姑苏的叶天士一样，也会成为当地有名的医生。为何你还留在我这间小寺之中呢？"

叶天士连忙摇头说道："我担心自己的医术不够精进，这样的医术出去为人治病，怕误伤到别人的性命。在您这里学习更为高深的医术，会使我精益求精，学成之后我才能在世为医、救人性命。医道并非坦途，只有不断地学习、改良，才是持久的为医之道。"

住持听完这些话，赞许地点了点头，更加欣赏叶天士的高尚医德，准备将自己的毕生所学都传授给他。很快，他们到达了山脚的村子，那位少年因为肚子胀痛，小腹已经像怀孕六个月的女子的肚子模样了。

住持先上前把脉后，示意让叶天士也把脉复诊。叶天士看过少年之后，说道："此人得了虫蛊，肚子里的虫子必须要除掉才行，可以服用白石（一种矿石类的中药材），将虫毒死，再排出体外即可。"

住持笑着说："你这个药对症，但是太过温和了，应该用一钱的砒霜才更好。"

叶天士疑惑地问："三钱的白石足以毒死

肠中的虫子，为什么还要用这么大剂量的砒霜呢？"

住持说道："因为你只知他体内有虫，但并不知虫的大小。三钱白石只能将大虫毒晕，但不能毒死它，达不到治疗的效果。"

住持的话瞬间点醒了叶天士，叶天士连忙抓来一钱砒霜给少年喂下。当天晚上，少年就排出了虫子，腹痛也解除了。住持又开出两味温补的中药继续帮少年恢复身体，很快少年就痊愈了。

就这样，叶天士每日勤勤恳恳地跟随住持大师看病出诊，学习大师精妙的治疗方法，结合自己已经掌握的儿科、女科及针灸之术，他对自己的医术更加有信心了。叶天士感到跟住持离别的日子就要到了，他找到住持大师，跪地说道："师父，我就是那姑苏城的叶天士，因再次遇到那位消渴病人，了解到您高超的医术，想拜您为师，又怕您拒绝，只好隐姓埋名拜您为师。但您放心，我必将遵守诺言，为劳苦的穷人治病。请师父原谅我没有袒露身份！"

住持大师回想起这个徒弟的聪颖、牢固的医学根基，只要稍微点播一下，他便能参透其中的医理，原来他就是鼎鼎大名的叶天士！住持因已经了解了叶天士的为人，便原谅了叶天士，并表示将和叶天士成为至交好友。

葉天士女科診治

桒天士女科診治四□

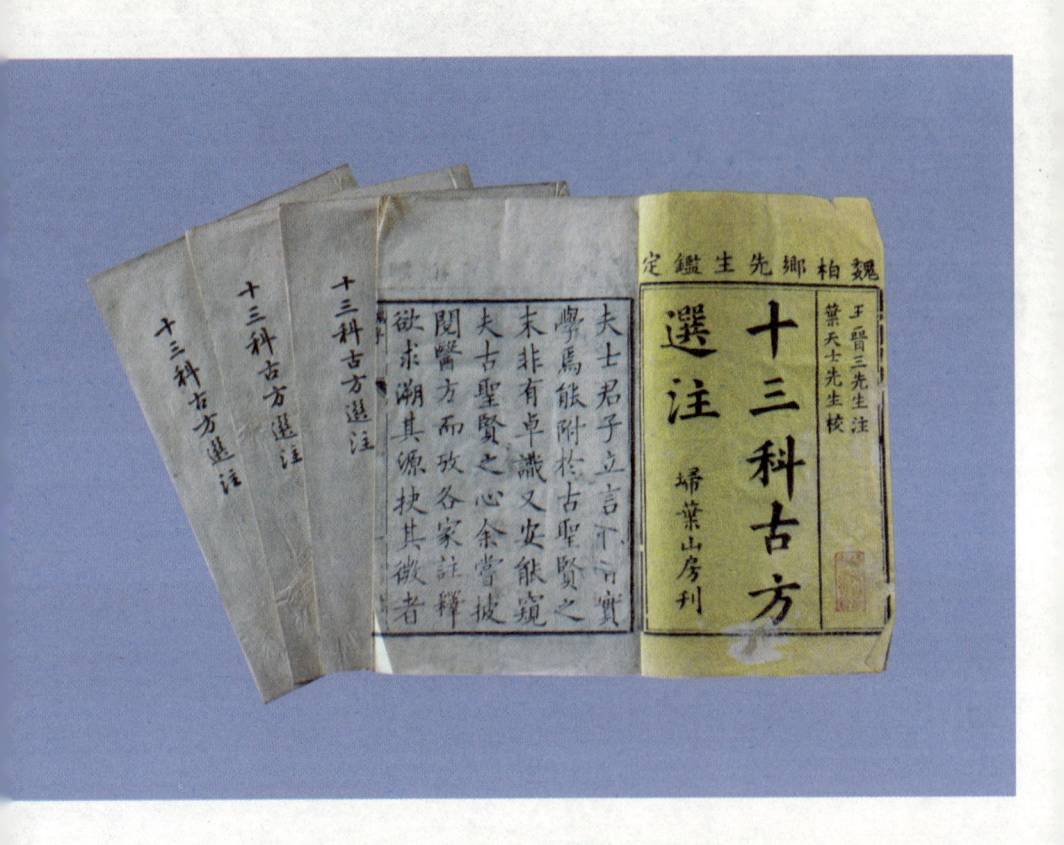

《十三科古方选注》内文

叶天士在吴县的名声越发远播，很多病人都慕名从外地赶来找他看病。医馆常常因为照顾路途遥远的病人要很晚才关门。一日，叶天士在医馆里坐诊时，听到内院传来阵阵的笑声，似乎是他远房姑母的声音。自父亲过世之后，他跟母亲便经常得到姑母的帮助，这让年幼的他能够专心学习医术，不用担忧一家的生计。

诊治完手上的病人后，叶天士忙起身转向内院，欢迎姑母来家里做客。见到姑母后，他忙施礼道："三年光景未见，姑母风采如旧。家里姑父和兄嫂是否一切安好？"

姑母笑着答道："家中一切还好，看我们叶天士已经长成大人了。听你母亲说这些年你四处遍访名医，医术精进不少。看你现在的模样，越来越像你父亲年轻的时候了。"说着姑母的眼圈有了些红晕。

因提及叶阳生，大家的心情都有些沉重了，都沉浸在回想叶阳生的过往之事中。突然姑母大叫一声"我的头好痛"，便皱起眉头，憋紫了脸庞，头上渗出细细的汗珠。

叶天士连忙命人将姑母抬入内室，拿出银针，在姑母的额头和头上分别行针。一番针法过后，姑母的神色渐缓，众人长舒了一口气。

切脉问诊后，姑母说她得这头风病是因为两年前的冬至日，因冬至日有吃饺子的习俗，她便头顶寒风给在军营当值的姑父送饺子，于是落下了头疼的毛病。

叶天士将姑母留下小住，准备帮姑母治好头痛病。他知道姑母这些年都是一个人操劳家务，身体很弱，便多用针灸的方法治疗，并配合汤药。叶天士怕药性过于强烈，在选药时，便犹豫着将几味药性猛烈的药去除了。就这样医治了一个月，姑母的头痛病由三两天疼一次，变成十天左右疼一次，叶天士已经尽全力去医治，但头疼病并没有根治。

一日，医馆里有两位病人在等待看病的时候聊到，城东的王子接在诊治头疼病方面十分擅长，半月时间就会药到病除。叶天士听后，决定让姑母尽快转去王子接那儿看病。果然，半个月过去了，姑母高兴地再次来到医馆，告诉叶天士自己的头疼病彻底好了。叶天士要来王子接的药方仔细研究，发现王子接大胆使用天麻，这是他迟迟不敢用的药材。王子接大胆用药，又使用几味温补的药，控制药性不过于猛烈，真是胆大又心细，这个药方确实是良方。叶天士决定要拜会王子接，学习他独到的医术、医理。

到了王氏医馆后，叶天士夹在前来看病的人群中，观察王子接问诊，就这样过了好几天。一日，医馆突然抬来一个已经生产五日的产妇。产妇还在因生完孩子而流血，奶水也没有，急坏了家里人，这可容易丢掉两个人的性命啊！

情况紧急，王子接命人将产妇抬入内室，避免产妇风吹着凉。经过一番问诊后，王子接思虑了一会儿，准备开具药方。在写到最后一味药的时候，旁边的徒弟提醒道："产妇生产后，不应服用凉药，已经

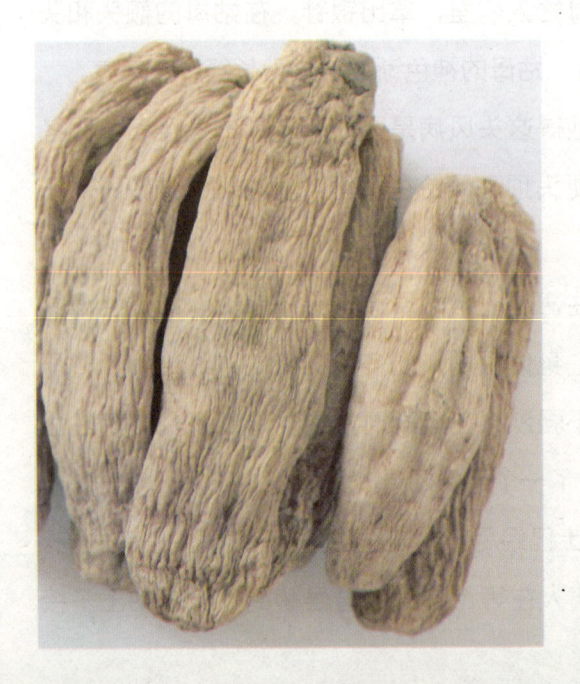

天麻

使用两味凉药了,这滋阴却寒凉的知母不知应不应用?"

这时,站在一旁的叶天士突然说了一句:"知母二钱。"

王子接惊讶地看了眼叶天士,写下知母二钱,然后将方子递给徒弟,让产妇按方服药。

送走产妇后,王子接叫住叶天士问道:"你这几日都在开馆时便入我医馆,整日看我问诊,请问你到底要做什么?"

叶天士连忙解释道:"我姓叶,名桂,字天士,也是姑苏人士。因久仰先生的名声,前来拜会,想向您学习医术。"叶天士一并将姑母头疼病的事情也讲给王子接。叶天士虚心求学的态度感动了王子接,王子接便将他留在医馆,悉心传授他这些年自己的经方秘术。

很快数月过去了,王子接为叶天士送行,席间语重心长地说:"你虽年轻,但医术并不在我之下。能有你这样聪颖又好学的徒弟,是我的幸运。师徒缘分到此,希望你继续钻研医术,用心取药治病,顺应万物的规律,继续勤学医术,用心思索。切记,一个人只有不断学习,才能当得一世名医。"

就这样,叶天士前后拜师十七人,医术突飞猛进。

知识加油站

什么是"针灸"?

"针灸"是中医针法和灸法的总称。针法是用特制的金属针,按一定穴位,刺入患者体内,运用操作手法以达到治病的目的。灸法是把燃烧着的艾绒,温灼穴位的皮肤表面,利用热刺激来治病。针灸是我国医学的宝贵遗产。

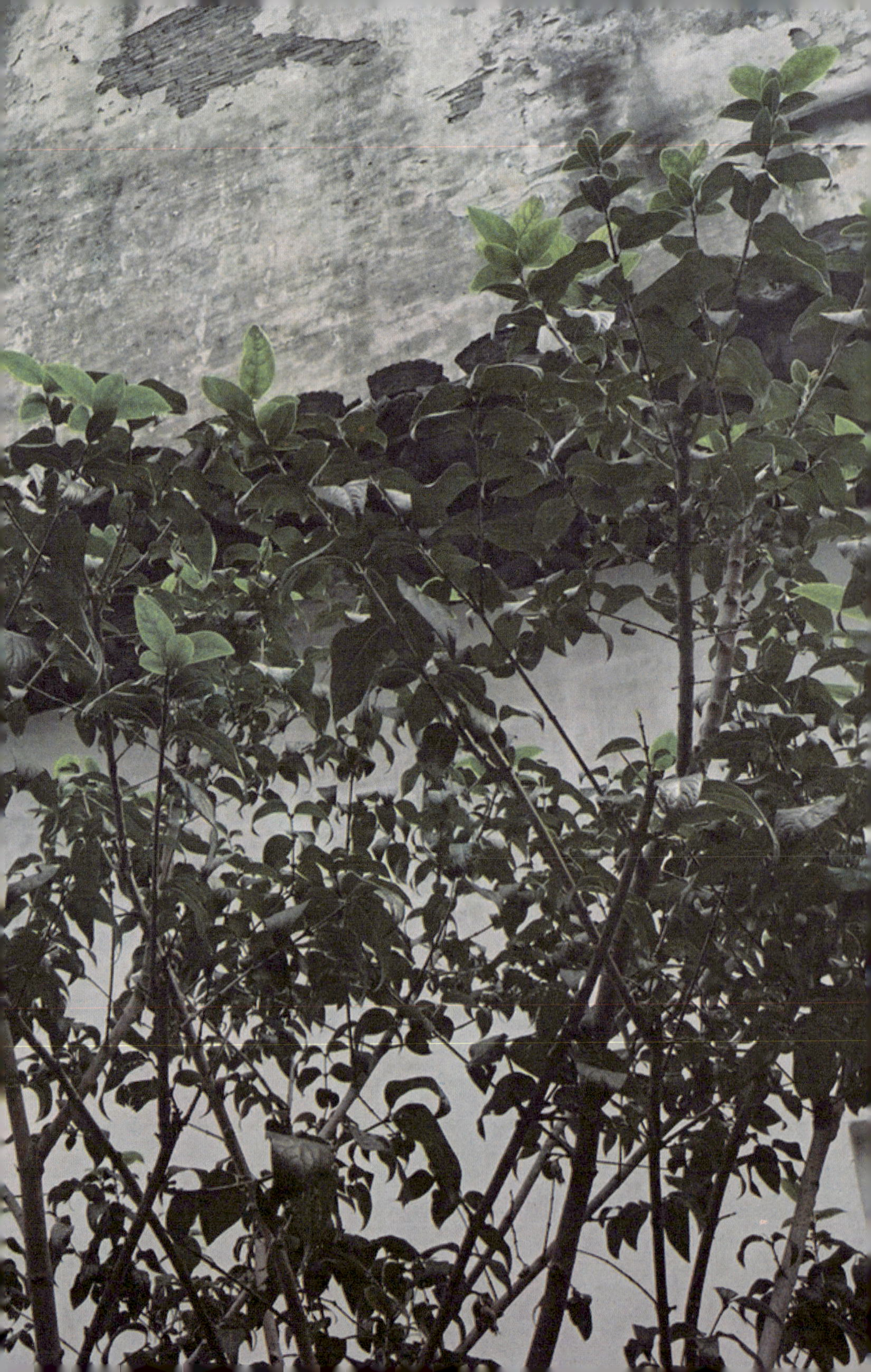

第三章

"三人行，必有我师焉"

"三人行，必有我师焉。择其善者而从之，其不善者而改之。"这句话体现了为人虚心好学的精神。叶天士自幼虚心学习各家医学所长，不断修正自身的短处，这成为他自我提升的捷径。这种随时随地虚心学习的精神，帮助他成为受人尊敬的"温病大师"。

转过经年，叶天士已跟随师父朱桂祥学医很多年了。朱桂祥已将所学传授给叶天士，于是做好了归乡的准备，便向叶家告别。叶天士挽留师父道："您十二岁便来到叶家，如今已在这里待了三十年，现在的叶家医馆也是您的心血，您忍心离开吗？我们也不舍您离开这个家啊！"

朱桂祥去意已决，推辞道："我从逃难来到吴县就没有回乡祭祖，现已学成一身医术，想回老家开个医馆，也能光耀门楣了。在我走后，希望你能独自撑起叶氏医馆，将家学发扬光大。"

就这样，朱桂祥离开了医馆，叶家医馆开始由叶天士独自主事。不巧在这紧要

黄连花

关头,叶天士的老母亲病了,反复高热、咳嗽、胸闷气短。叶天士为母亲医治的时候发现方子并不奏效,母亲还是反复高热。依照多年的经验,叶天士认为应使用些凉药清心胃之火,但顾忌到母亲已六十有余,又害怕黄连过于寒凉,伤了母亲。师父朱桂祥又不在,叶天士找不到人商量,一时间也没了主意。

徒弟顺子看着师父干着急,忐忑地说:"要不我们找个别的郎中看看吧!后山的章郎中整日里对别人说他比您的医术高明,这回让他瞧瞧,也看看他是不是真的高明。"

叶天士暗自思虑起来,认为章郎中肯定是有真本领才敢这么说,便让顺子赶紧去请章郎中,并嘱咐顺子一定要恭敬。

中药黄连

顺子见到章郎中将来意表明。只见这个章郎中捋捋胡须笑道："这鼎鼎大名的叶大夫也是'医不自治'？"

顺子解释道："我家先生不知怎的嘴里总嘀咕着黄连、黄连的。"

章郎中思索片刻后，便起身跟随顺子进了叶府。叶府上下恭敬地迎接他的到来，让他十分欣慰，更加欣赏叶天士的品行。为叶家家母诊治完后，章郎中说道："之前服用的方子是对症的，但老夫人的舌苔中心过厚，说明心胃之火太大，需用黄连，才能治愈。"

叶天士一听这话，连拍着手说："我正有此意啊，但一直担忧母亲的身体，没敢使用。"

章郎中让叶天士再为母亲把脉，然后说道："你看老夫人虽因病体弱，但她的脉象长而有神。使用黄连，刚好对症，是不会伤身的。"

叶天士连连表示赞同。章郎中转身写下药方。叶天士接过药方一看，发现他只是比自己多开了味黄连，自己的迟疑差点儿耽误了母亲的病。叶天士赶快命人去煎药了。

果然，在服药三天后，叶老夫人的病痊愈了。叶天士为感谢章郎中救治母亲特地登门拜访。黄连是出了名的清心胃之热的良药，但黄连也是过寒的凉药，许多医家都明知道它的功效，却不敢轻易使用。叶天士见章郎中似乎对黄连很了解，便想向他请教黄连的药理。

叶天士拱手请教道："黄连味苦又性寒，许多大医家都不敢用它，您是怎么得知它的药理的呢？"

章郎中见叶天士真诚，便将关于黄连的故事讲给他听了。黄连的出处是《神农本草经》，它是上品草药，形状像鸡爪，大苦大寒，久服会伤脾胃。虽然它有这些缺点，但优点也很明显。在古时候，有一个农户姓黄，他的小女儿叫黄莲。黄莲自幼便总跑去河边的孙爷爷家，因为那里有一个药园，种着各种药材。一日，黄莲发现有株像鸡爪形状的植物，便好奇地问："这个植物是什么啊？形状奇怪，闻着就味苦。"

孙爷爷说道："它跟你同名啊！是没有草

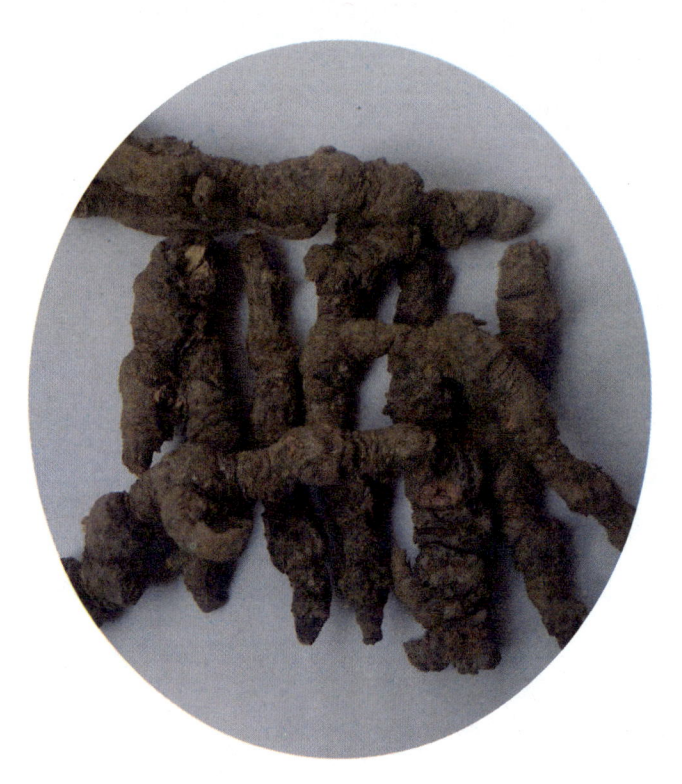

黄连

字头的连。别看它有缺点，却是一种很神奇的药材。我们这里雨水多，气温又高，还需要这个药材治病呢！

小黄莲忙请求道："那我可以移一小株种在我家的院子里吗？如果哪天父母做农活，因热生病，我好能马上帮他们医治。"

孙爷爷笑着点点头，同意了她的请求。

天气开始闷热，连着下了几日的雨，小黄莲的母亲病倒了。小黄莲急忙跑来找孙爷爷帮忙。孙爷爷看过她母亲的病症以后，跟她说："你是可以医治她的啊！想想你从我那拿回过什么吧！"

小黄莲着急地回想哪些药材是从孙爷爷那拿回来的，突然她说："啊！是黄连！是黄连！它肯定能治疗母亲的病。"小黄莲的母亲连续喝了两天黄连汤以后，痊愈了。

叶天士听完故事，感慨道："章兄果然学识渊博，这些医理、药理的故事也精彩，我早该来向您学习了！"就这样叶天士与章郎中成为至交好友，整日里一起研究医案，探讨药理。

　　古时的中国医学发展有限，当遇到不能解释的疾病现象时，人们往往愿意相信迷信的办法。这就有了巫医用祝由术诊病、用法事驱病等，在当时的社会中，这是大家默认的办法。但叶天士却碰上了一位无法救治自己的巫医，还闹出了一桩趣事。

　　相传这位巫医是一位游历四方、四处驱邪治病的名巫医。这位巫医出名到何种程度呢？当他来到苏州地界时，苏州有名的张员外就花重金，请这位巫医去家里为孩童治半夜啼哭的毛病。

　　据传巫医在张员外的府上摆阵三天三夜，要求张府上下跟随他一

金银花

起作法。他说，只有所有人虔诚地祷告，再加上他的法事才能治愈孩子的哭病。经过三天三夜的法事后，所有人都已经筋疲力尽了。巫医告诉张员外，服用他留下的灵药，七七四十九天后，孩子便能平安无事。

嘱咐完张员外一家人后，巫医便准备离去了。张员外一家人因为三天三夜没有合眼睡觉，疲乏到了极限，已经没有心思思考巫医的话，便付给他当时许诺的重金，派人将他送出府了。

出了张府的巫医十分得意，见人就炫耀自己在张府为孩童作法诊病的事。城里的百姓虽没有见识过他的法术，但都知道这位苏州城有名的张员外。大家认为，既然张员外都认同他，那他肯定是有些能耐的。

一时之间，巫医名声大振。大家都说法术高强的巫医是因受天神指派才来到苏州城为百姓驱邪治病的。几个月里，巫医经常连着几日开坛作法，他的钱袋子鼓起来了，但让人意想不到的是巫医病倒了。

一位受天神指派的巫医，拥有驱邪治病的法术，怎么可能生病呢？但巫医自己知道，由于连日的劳累，自己已经得了严重的病症，五脏六腑似乎都在灼烧。这可急坏了他，因为经过这段时间的经营，自己在苏州已经小有名声，走在街上也多有人认识自己，倘若这时自己贸

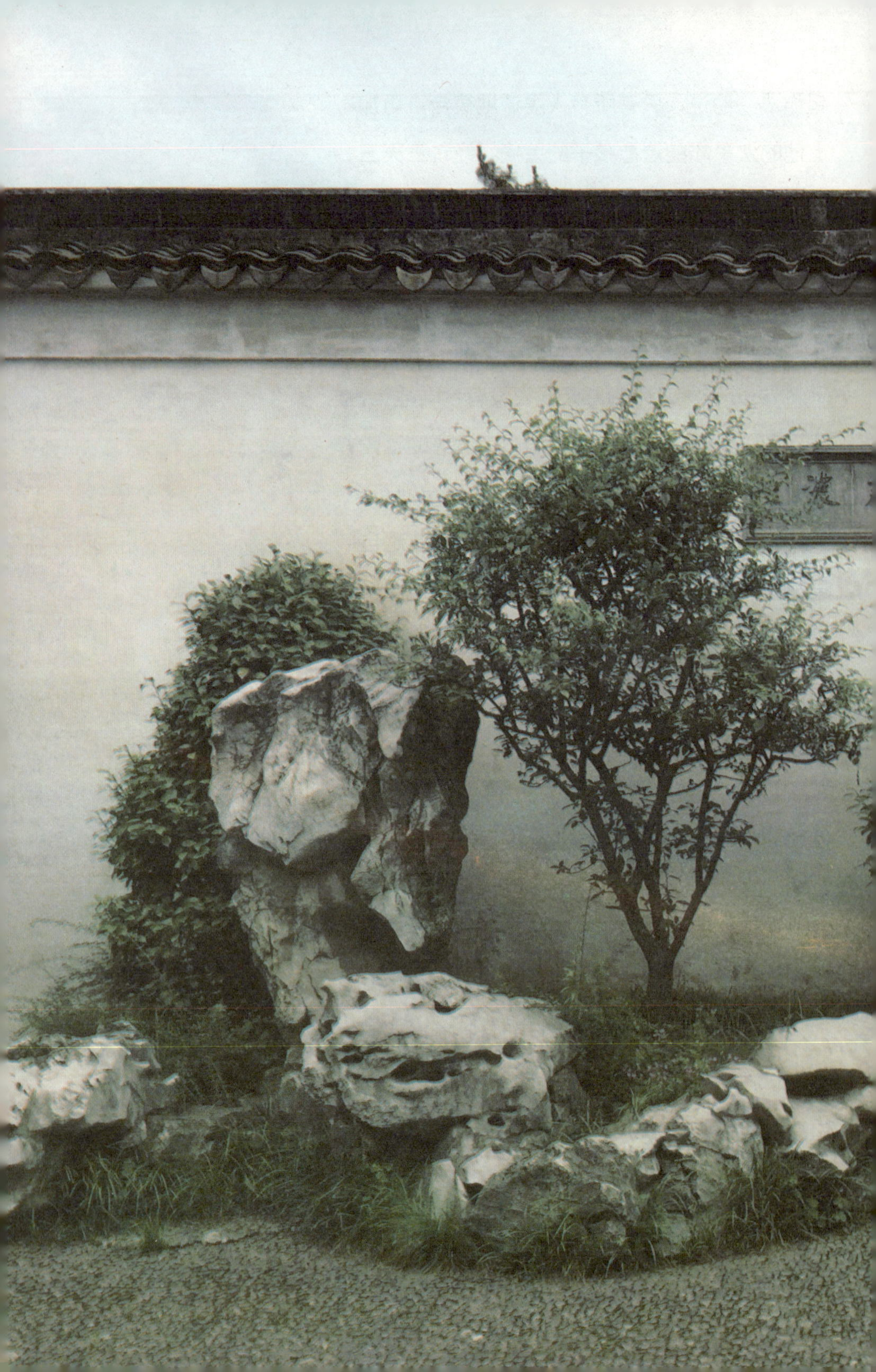

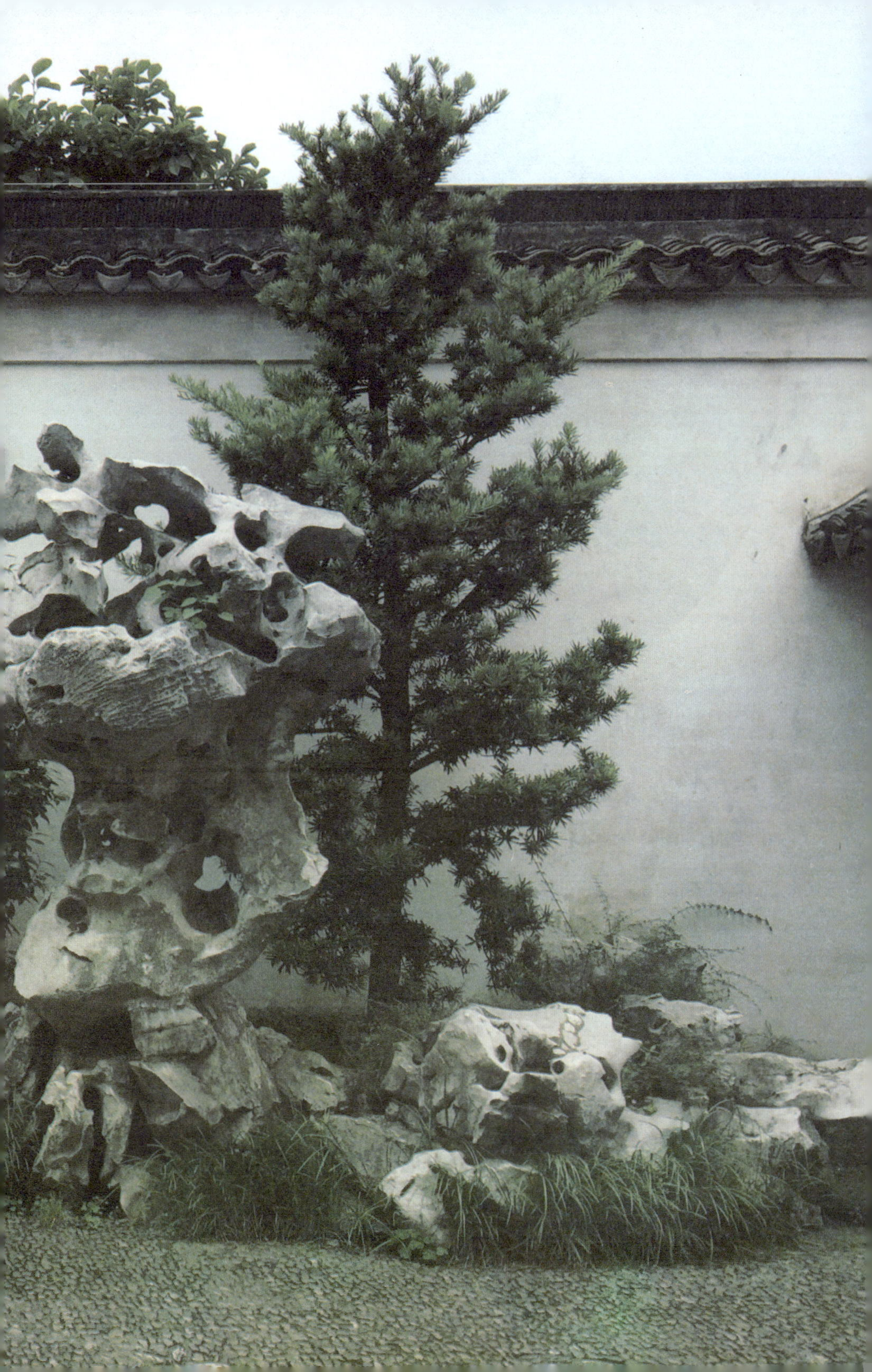

苏州狮子林

然进入医馆，肯定会被人认出来。

巫医只好忍着病痛，推掉所有法事，对外谎称要闭关修炼。经过一些时日后，他的病非但没有好，反而更加严重了。这回巫医知道自己真的不能再置之不理，该去找个大夫看下了。

再次走在苏州街上，巫医已经顾不上所有人的想法，一心只往叶家的医馆走去。因为来到苏州不久，他便听人说这个医馆有位叶大夫，能够妙手回春，药到病除。恶病缠身的巫医只想赶紧找到叶天士，求他救治自己的性命。

巫医一路跌跌撞撞地来到叶氏医馆，刚扶住门便大喊道："快请叶天士神医救救老道的性命吧！"之后，巫医就晕倒了。这句话引得整个医馆的人都看过来，大家围过来一看，原来是这阵子有名的巫医啊！他不是会驱邪治病吗？怎么自己病倒了呢？众人纷纷议论起来。

议论声引来了原本在内堂坐诊的叶天士，他命人将巫医抬入内室，四诊合参后，便知道病因在哪儿了。叶天士拿起银针，几针下去，巫医便苏醒过来。巫医醒后连忙询问自己的病情，叶天士安抚坐医说："你的病是表征凶猛，没有伤及脏腑，是由于接连的劳累导致的，又因为延迟救治，才拖成今天的模样。我给你开两服药，你按时服用，半月有余便会痊愈。"

听完叶天士的话后，巫医这才放下心来。果然，在服用叶天士的药方半个月后，他的病就痊愈了。回想自己当初的病症，巫医明白，是叶天士的医术高超，才会使得自己在服了几服药之后就痊愈了。之后巫医逢人便说，当初患病后，自己施法救治，但无济于事。后来自己受天神的指引，找到叶天士求救。因为叶天士是"天医星"转世，

黄芩

只有他才能治疗自己的病症。

就这样，叶天士"天医星"的称号便传扬开来，就如世人评价孙思邈为"药王"，称张仲景为"医圣"一样，他们都是受百姓推崇、医术卓越的一代名医。

与叶天士同时期名满江南的名医还有一位叫薛雪，他比叶天士小了十几岁。薛雪十分有才华，善诗文，能书能画，文武双全。在他年少时，母亲患了湿热症，他为了救母，夜以继日研究湿热症的治疗办法，成为治疗湿热症的专家。他发现医学有着无限奥秘，便将自己所有的精力都用在追求医学技术的精进上，最终成为清朝一代名医。

叶天士与薛雪同为江苏人，又都精通医术，但二人在医术上常常互相抨击，想一较高下。久而久之，叶天士为他的书房取名为"踏雪斋"，意思就是想在医术上将薛雪踩在脚下，让自己的名气永远在他之上。他还亲自题字，命人做成牌匾挂在书房上。

薛雪听闻此事后十分气愤，命人做了一块"扫叶山房"的牌匾，直接挂在了正厅，让来访的病患一眼便能看到。二人的争斗已经变成人尽皆知的事情，尽管如此，当地的百姓还是认为二人的医术都十分精湛，遇到疑难病症都要找两位名医看看，只是在他们面前不提对方

薛雪画像

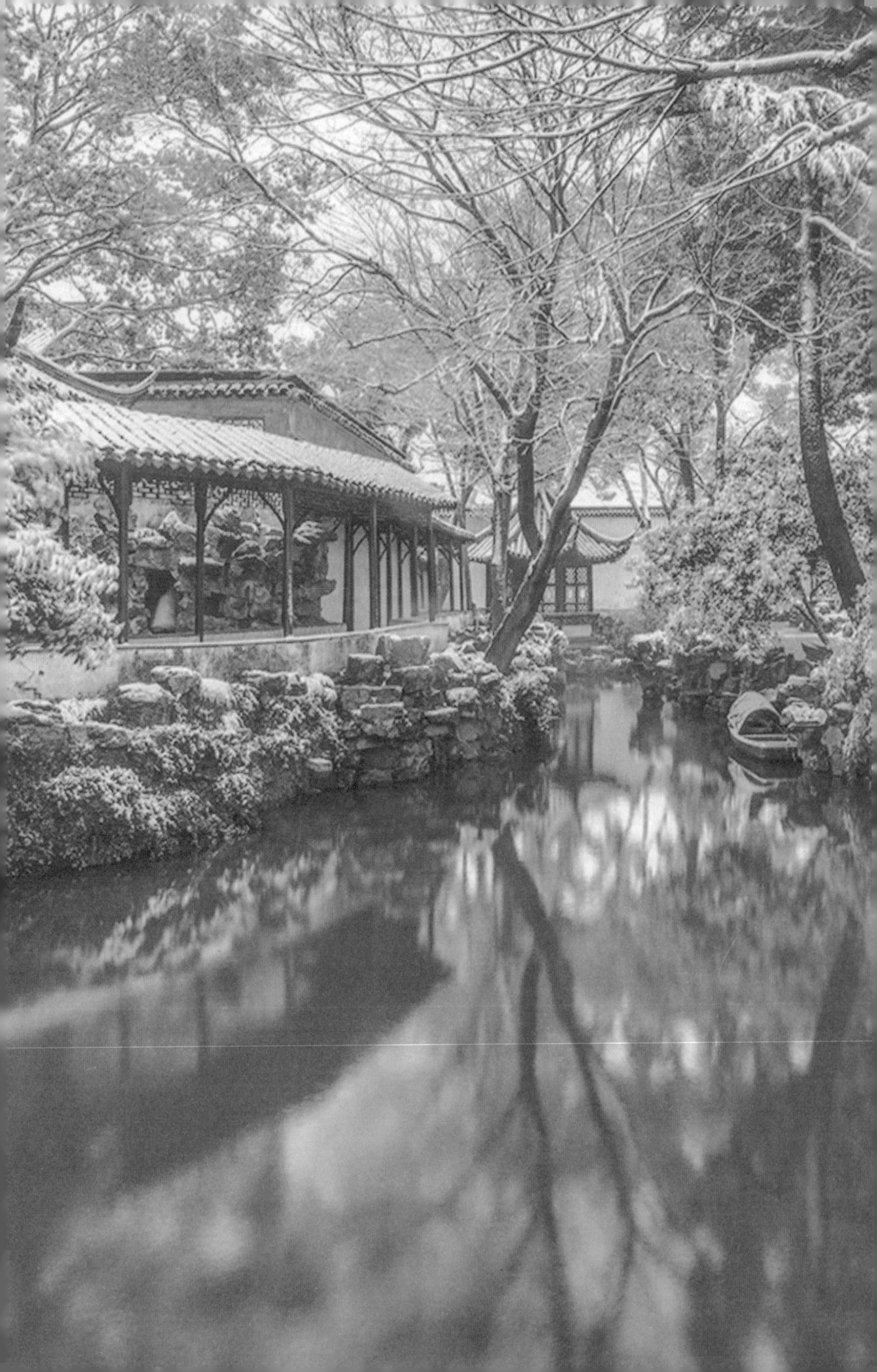

的名字罢了。

又到了一年的寒食节,各家都纷纷禁烟吃寒食,酒楼里也只出售寒具。尽管只有寒具,但依旧有很多人进来吃饭。店里有两桌客人因觉得只吃寒具很无趣,便招呼大家打赌,看谁能吃下十盘寒具,赢的人的饭钱就由输的人付清。

几个年轻人就开始拼命地吃寒具,围观的人越来越多,这让他们更加兴奋地大口大口吃下盘里的食物。后来只剩下两个人了,比赛变得尤为紧张。终于,其中一个年轻人吃了七盘寒具后感觉胃疼痛难忍,终止了比赛。而另一个年轻人看到只剩下自己,也停止再吃寒具了。他已经吃了八盘,胃也已经难受极了。但因为赢得了比赛,他十分开心,将胃痛抛到脑后,只沉浸在获胜的喜悦里。可是,这个年轻人刚出了酒楼,走在大街上,便晕倒了。

炸馓子 寒具

糯米

  年轻人的家人忙将他抬到叶氏医馆。他因吃了太多的寒具，肚子胀痛难忍，脸已经变成紫红色了。叶天士问清缘由，给他诊脉后，叹了口气说道："他食用了过多的寒具，现在过多的糯米已经在他的肚子里膨胀起来，使用一般的药物已经不能解决问题，用猛药又会伤到他的五脏六腑。我已经无能为力了，你们另请高明吧！"

  家人无奈之下，又将人抬到了薛家医馆。进门后，一群人便跪在薛雪的面前，老夫妻哀求道："薛大夫，请您救救我们的儿子，我们不想儿子这么年轻就因为多吃了寒具而丧命啊！"

  薛雪给这个年轻人诊过脉后，问道："他的确不能医治了，药石无力啊！你们来之前，是让什么人瞧过病了吗？"

  家人点头道："您的诊断跟叶大夫一样，求您救救我们的儿子吧！我们全家都会感激您！"

薛雪一听叶天士诊断这病人无药可救，那自己就偏要将人救过来，这样就能证明自己的医术比叶天士的高。他抬眼看了看厅中挂着的"扫叶山房"，转身对老夫妻说道："将你们的儿子抬入内堂吧！我这就开方为他消导。"

一炷香的时间后，薛雪拿着两个瓷瓶进入内堂，将瓷瓶内的药物相继给病人喝下。不一会儿，就听到病人肚子传来肠鸣声，病人将肚子中的东西都排出了体外，人马上就精神起来了。病人虽然大泻不止，但居然感觉有了力气，便询问薛神医是用什么药救活了自己。

薛雪笑道："你只管回去养病，不用知晓我用了什么药材。你回去多吃几天烂粥，好好养养脾胃吧！"

事情在城里传开了，叶天士听说后便对徒弟们说道："薛雪所用的药，我当时也想到了。其实只是些用于消导的药物，然后再配上人参的汁液，这样才能保他在大泻后平安无事。但他家境贫寒，人参又不是寻常的药材，告诉他们解决的办法也是没有用的，只会徒增他们一家人的烦恼。薛雪能用人参为他治病，可见他是一个品德高尚的人啊！"

叶天士通过这件事，对薛雪的人品有了新的认识，不再像从前一样，只顾与他争一时的短长了。

知识加油站

什么是"寒具"？

寒具是一种油炸面食，类似今天所说的馓子。古代寒食节习俗要禁火寒食，所以人们提前做出寒具在寒食节食用。苏东坡曾作《寒具诗》："纤手搓成玉数寻，碧油煎出嫩黄深。夜来春睡无轻重，压扁佳人缠臂金。"

梧桐树叶

第四章

众生平等 妙手回春显神通

古人常说："不为良相，当为良医。"将"医"与"相"并提，更使人深感学医责任的重大。叶天士将毕生精力付诸研习医术，治病救人。他用自己的一生，坚持众生平等的理念，救贫贱之厄。

中医的医理、医方都是中医们经过代代相传、不断摸索人与自然发展规律后得到的经验根据。流传至今，古方万余服，中药材数千种，中医在诊治病人时根据不同的症状配以不同的方剂，这是万物博弈的奥秘，也是中药材相生相克、共同影响作用的结果。

对医术痴迷的叶天士，自幼便熟读古医书，熟识古方，研习药理。结合成年后四处游历的实症经历，叶天士更加理解每味药的性能和各方剂的独特功效。叶天士常告诫弟子们要知药性、懂方剂，因时制宜、因地制宜，灵活运用古方。

相传有一个关于梧桐叶的故事，叶天

士的梧桐叶可跟别人的梧桐叶不同。

一年立秋时节，叶府的邻居董家传来产妇将生产的消息。董府每个人的脸上都挂着期盼的神情，董夫人已经接连生了两个女儿，全家都盼着她这回能生个儿子，能够儿女双全，尽享天伦之乐。但这次董夫人肚子里的孩子好像不愿意这么轻易就离开母亲，从前天夜里到现在，已经折腾了许久，小家伙依然不想出来。董老爷心里虽然着急，但还是没有作声。

管家看出来老爷的心思，知道叶府的叶大夫出诊未归，就命人去请其他大夫。于是董府请来了城南的郎中。郎中到府后，看过夫人，开出药方，让下人赶紧去抓药。但董老爷却按住仆人，吩咐他再去叶府看看叶大夫回来了没。

仆人只好再去叶府询问叶大夫是否诊病归来，叶府的管家说叶大夫还未归来。仆人只好快跑回去告诉自家老爷，恰巧遇上了出诊归来的叶天士，连忙上前将他拦下，细说了缘由。叶天士听到董夫人难产的消息，不敢耽搁，跟着董家仆人，很快便见到了董老爷。

叶天士为夫人问诊过后，又看了郎中开的方子，便对董老爷说道："这个方子十分稳妥，只要再加上梧桐叶入药给夫人服下，一个时辰内便能平安生产。"果然，董夫人喝了药以后，不到一个时辰便生了一个男婴，母子平安。这

梧桐叶

件事很快便传扬了出去，人们夸赞叶天士的医术，将故事讲得神乎其神，就这样梧桐叶能治难产的功效被许多大夫、郎中、江湖游医所使用。

无独有偶，叶天士偶然得到一个郎中为难产产妇开的方子，方子里竟然有他当时使用的梧桐叶。叶天士笑道："这些人不仔细研究为何我用梧桐叶，只是照葫芦画瓢地使用梧桐叶而已。我用梧桐叶因为那日是立秋，而现在刚刚入夏，用这梧桐叶哪里还有什么功效？"

叶天士治病用药注意时节、天气对药物的影响，懂得顺应天时，以节气改变药物的功效，达到治疗的最佳效果。所以，因时节的不同，梧桐叶也具有了不同的功效。

从古至今，医生都在为人诊病、救死扶伤。妙手回春是对医生医术最好的肯定，厚德载物却是对医德最高的评判。叶天士不仅对医术痴迷，而且在治病救人的过程中懂得救治人心的奥秘。他不仅能救人于病痛，而且还有治疗贫穷病的故事流传下来。

一日，叶天士像往常一样，去附近的村庄为村民诊病，正走在羊肠小路上，遇到一个上了年纪的村民。村民见来人是有名的叶神医，便跪倒在地，央求道："叶神医，听说您的医术高超，快给我看看吧！我感觉自己就要死了！"

叶天士连忙上前扶起老人家，伸手把住他的脉，细细诊后说："我见您的脉象有力，不像生了那么严重的病啊！您别胡思乱想啊！"

老人却说："叶大夫，我得了很严重的穷病啊！很多人给我看过以后，都说这个病不能治，我看我是快要死了。"

叶天士听了老伯的话，就已知道他的意图了。但叶天士转念一想，

羊肠小路

这个人身体健康，却说自己因贫穷要病死了，这是心病啊！如果能转变他的思想，也就达到了治疗贫穷病的目的了。打定主意后，叶天士将老人扶起，说道："老人家，我现在要去前面的村子为人诊病，不能耽搁太长时间。您的病确实太严重了，需要些时日诊治。请您今天晚上到我的医馆去，我会好好替您医治这个穷病。"

老人一听，以为著名的叶大夫会心善地给他些银两，便早早来到了叶氏医馆，等候叶天士归来。太阳落山后，叶天士才风尘仆仆的回来。

叶天士见到这个老人，让他继续在外堂等着，自己起身进入内室。过了三个时辰后，叶天士还是没有出来，老人越想越觉得自己被戏弄了，便起身往出走。这时叶天士叫住了他。

夕阳西下

"这是我给您开出的药方，您按照药方抓药，每日按时服用。等三个月之后，您再来医馆，我再为您诊治一下。只要您按我说的做，您的贫穷病一定能治好。"说完这些，叶天士将方子给了老人，然后转身又回到内室了。

老人拿着方子细细看去，方子上写道：取香樟树种若干颗，种在园子里。每日浇水一次，除草一次。三月后复诊。

老人不懂这奇怪的方子是什么意思，叶天士又转身走了，自己也就只能听叶大夫的话了，试三个月再说。老人就这样嘀嘀咕咕地离开了叶府。

香樟树在苏州城内可是随处可见的，摘上一大兜树种简直不费力气。难道这些没人要的东西能治好病？老人都不敢相信这是真的。但除了叶天士给的方子之外，自己也没有其他的方法了，老人只能硬着头皮做下去。在之后的三个月里，老人每日依照方子写的浇水一次、除草一次，兢兢业业地照顾树苗。在他的努力下，树苗长得越来越高。

三个月期满，老人再次来到叶氏医馆。叶天士见整日在地里忙活的老人虽然消瘦了些，但已经神采奕奕，便知道他的树苗肯定长得很好。再次为他看诊后，叶天士说道："接下来，您只需要回去等着就可以了。会有人去买您的

香樟树

香樟树苗

树苗，您只要高价卖掉就可以了。您的贫穷病就治好了。"

老人以为自己的耳朵坏掉了，心想：没人要的树种还能高价卖出去？这简直是不可能的事。

叶天士看出老人的心思，告诉他："您就差这最后一步了，回家等着吧！"

老人想想自己既然已经选择相信叶天士，并且踏实地种了三个月的树，就老老实实地回家等候他说的金主了。

随后叶天士在来问诊的人中挑了一些因吝惜钱财而抑郁成疾的有钱的病人，在给他们开的药方里，最后都加上香樟树苗一株，并告知病人在哪里能够买到这最后一味药。

就这样，前来重金购买香樟树苗的买家隔几日便上门，乐得那个

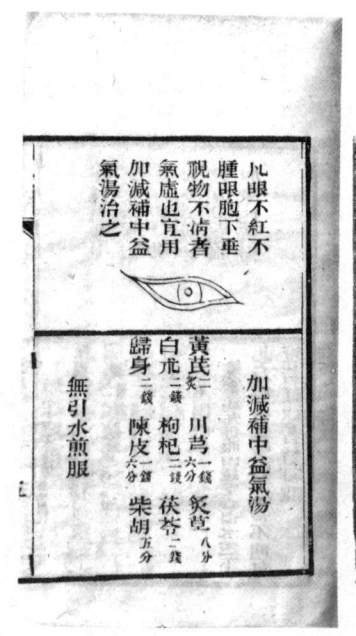

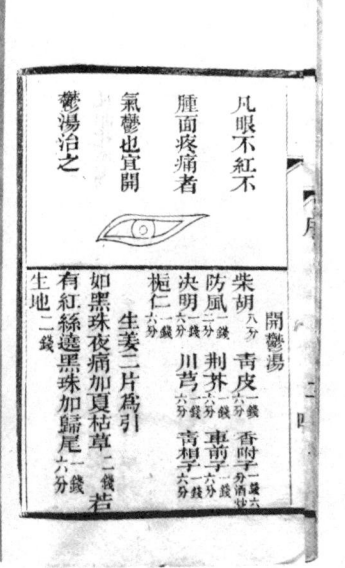

古代眼科医书

老人合不拢嘴。眼看树苗就要被买空了，他就提高了价格，居然依旧有人来买走树苗。他的贫穷病真的被治好了。

从此以后，老人明白了每个人都应该自食其力，他每日勤勤恳恳的劳作，过上了富足的生活。这个故事中的老人家虽然有赖财的坏毛病，但叶天士却展露出他崇高的品格，没有因为老人先前的举动拒绝他，反而通过自身的威望教会他要自食其力，彻底改变了他的命运。

叶天士幼时白天要念私塾，晚上要苦读父亲叶阳生交代的医书。成年以后，叶天士仍一直保留着这个习惯，白天问诊看病，晚上常常抱着医书研读到深夜。他就是这样废寝忘食地研习医术，再将自己新的想法不断在实践中检验，常常痴迷于这些，家人都担忧他的身体。

隆冬时节，叶夫人见夜已经很晚了，便催促叶天士不要再看医书，

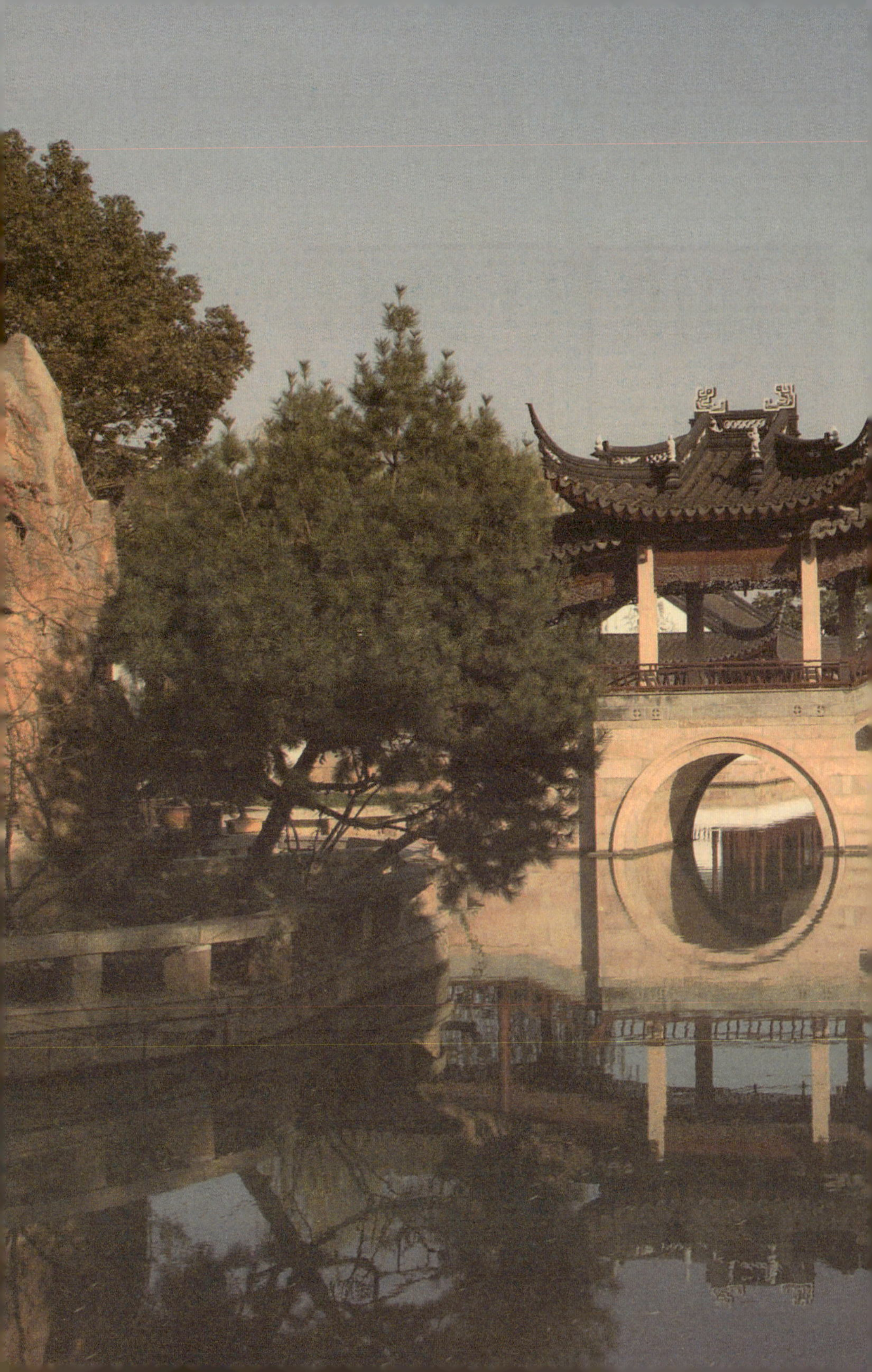

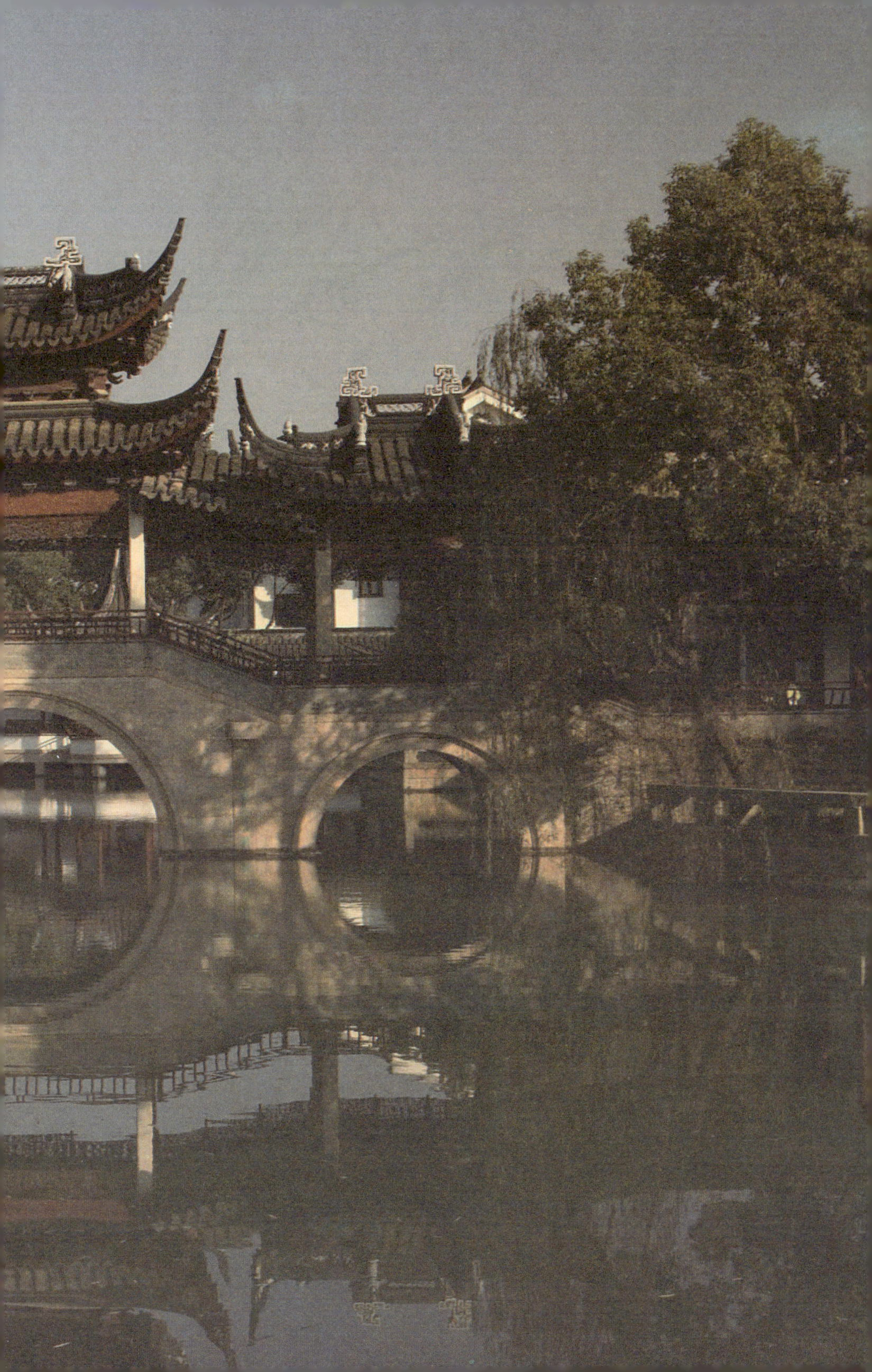

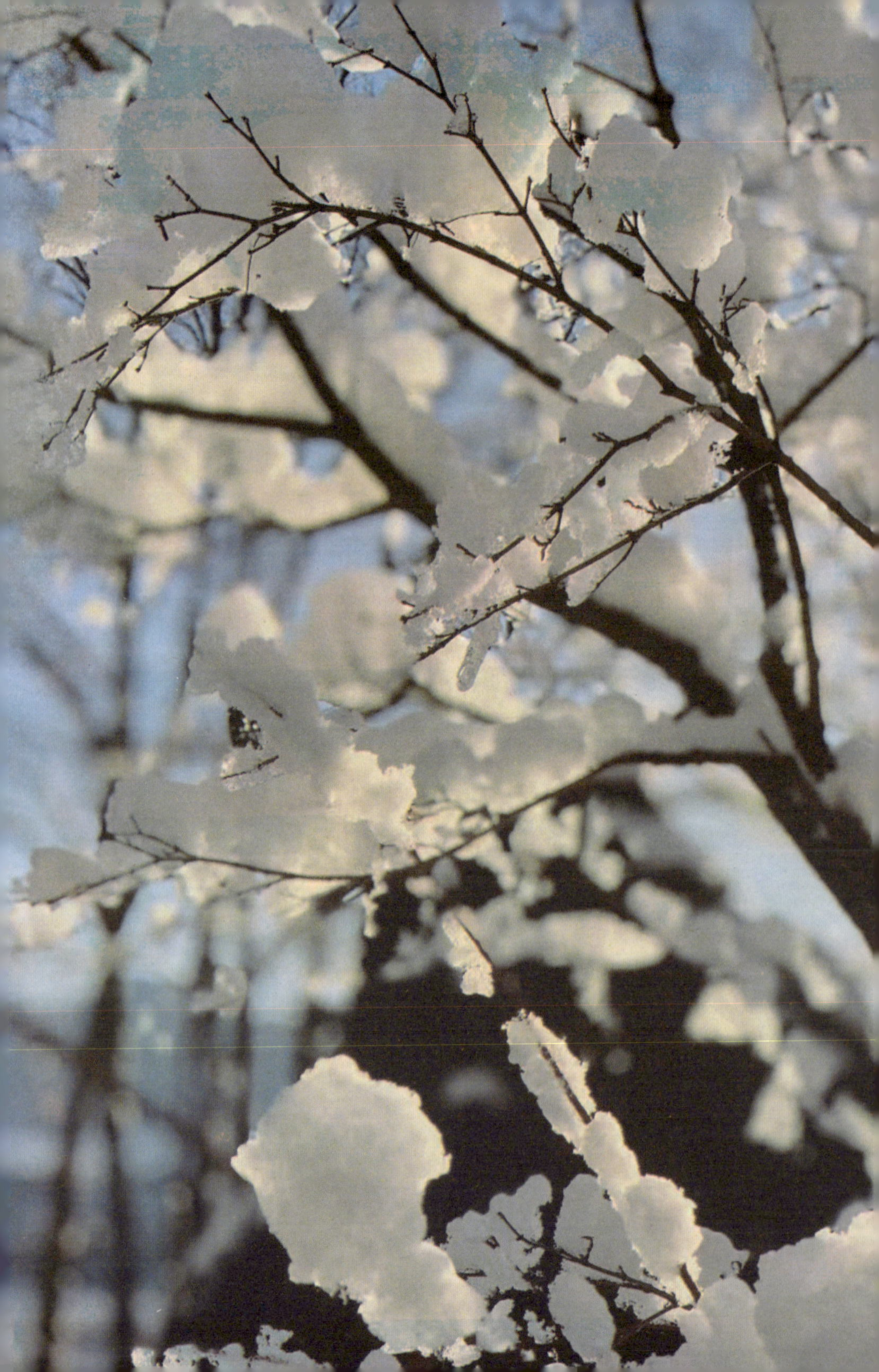

早点儿休息。叶天士被夫人催促了几次，才听从她的话，把书合上，躺下休息。许是连日贪黑看书，叶天士很快就睡着了。这时，外面传来急促的敲门声，有人在敲门并着急地嚷人去瞧病。值夜的小童连忙应门，开门一看，一个背着书篓的白面书生倚在门旁喘息不断。叶天士被敲门声吵醒，连忙起身穿衣。夫人心疼地说道："老爷，别起身了，医馆里每日都安排徒弟值夜，他们跟随您学习了这么久的医术，一般症状都能应对，您放心休息吧！这刚刚入冬，夜里气温很低，小心自己的身体啊！"

叶天士知道夫人是担心自己，便说道："夫人放心，你先休息，我出去看看就回来。"

刚出房门，叶天士便打了个冷战，心中想道：初冬的夜里真的很冷啊！江南的初冬是风寒、伏饮（中医疾病名称，即饮邪久伏体内，遇风寒等外邪相引而发病，以恶寒发热、咳嗽、喘促、痰多等常见症的饮证）的高发时期。这么晚，上门的病患一定是病得严重的。叶天士转过廊角，进入前面医馆，便听到了书生急促的咳嗽声，咳声急促，从中还能听到清楚的痰音。

叶天士一边为书生把脉，一边询问道："你受了风寒，这样的症状应该有一阵了，怎么才想到来看大夫啊？"

书生说道："实不相瞒，我姓高，是进城赶考的秀才。为了这次会试，我已经寒窗苦读了十年，不敢有丝毫的懈怠！途经此处，初冬的气温骤降，开始只是浑身乏力，偶尔咳嗽。大考在即，我白天要继续赶路，夜晚又要温习，这才把病耽误了。现在感觉浑身疼痛难忍，咳嗽不断，感觉喉咙和胸口有东西压着。只要躺下就不停地咳，我已经不能入眠了，请先生救救我吧！"

"你这是寒窗苦读，积劳成疾，又受了风寒，引发了身上的伏饮。这个毛病如果不早早治愈，恐怕等你到晚年时，就要被这个病症所害啊！"叶天士转头吩咐徒弟道："为他准备小青龙汤，方中去除细辛。再把厢房的屋子收拾出一间，让他喝了药，早些歇息吧！"

书生听闻自己不光得到诊治，又被留宿在府中，心中感激，忙对叶天士作揖说道："在下敢问先生姓氏，如若此次赶考获得功名，必将报答先生的大恩！"

叶天士没有再回答他的话，吩咐徒弟快去煎药，然后就回卧室休息了。

第二天清晨，书生果真感觉自己的病已经好得差不多了，就去向叶天士辞行。"叶大夫，您能在昨夜的情形下为小小秀才治病，又将我留宿在府,让我的病这么快就得以康复,您医术高超,您的医德更让人敬佩。大考在即,我还要继续赶往省城,如若高中必将回来报恩。"

叶天士扶起书生道:"你的伏饮还需用药调理几日,我为你开好药方,你按时服用。只有有了强壮的体魄,你才能大展宏图,报效国家。"

书生感激地接过药方,拜别叶天士,再次踏上赶考的路。

隆冬腊月,江南笼罩在阴冷、潮湿的天气之下,走在路上感觉冷风直往骨头里钻。还有几日就要过农历新年了,集市上的人很多,大家都在置办年货。辛劳了一年,人们都想过个团圆、热闹的新年。叶天士也带着徒弟朱心传来买年货了。

苏州街可谓应有尽有,囊括了五湖四海的商品。赶上年节时分,街上被各种节日庆典物品映得红彤彤的,好不热闹。叶天士整日在医

龙胆草

灯笼

馆忙碌,还真不懂应该置办些什么东西。徒弟朱心传见灯笼摊最热闹,便拉着师父去凑热闹,看看有没有合适的灯笼也买几只。

师徒二人正沉浸在热闹之中,却听到旁边的摊子上传来争吵声。只见一群恶霸围住了一个当街摆摊问诊的郎中,恶霸的头儿恶狠狠地说道:"好你个野郎中,我们寻你治病,你却用你的药害人!我看你是不想活了!"

郎中被吓得喊冤道:"几位大爷饶命啊!我的药肯定是没有任何问题的,你们一定是弄错了啊!"

这句话激怒了恶霸头儿,他摆手说道:"你竟然还在狡辩,兄弟们把他的摊子给我拆了。"

几个大汉扑上来,一会儿工夫,就把郎中的摊子掀翻了。叶天士看在眼里,拳头紧握。朱心传刚想拦住他,却发现他已经一个跃步走到了恶霸眼前。叶天士说道:"你们这些人也太仗势欺人了!光天化日之下,你们就砸人摊子,还有没有王法了?"

恶霸看着眼前这个白面书生,不屑地说道:"你问王法?老子就是王法!你还想帮他,那就连你一起拿下吧!"

几个大汉便转身向叶天士扑来,朱心传见状赶紧出手。好在朱心传在来叶家之前学过几年功夫,体格又健壮,虽遇到这一群恶霸,但几个回合下来，恶霸居然都被他打倒在地了。

叶天士见恶霸已经被制服，转身去扶郎中。郎中感激地说道："久闻叶天士的大名，知道您医术高超，想不到您还侠骨心肠。"

这时，一个恶霸大吼一声："都是我们做事鲁莽，我也是救子心切。今天歪打正着碰到叶大夫，请您一定要救救我的儿子啊！""扑通"一声，大汉竟然当众跪下了。

叶天士听后，转身问道："你的孩子得了什么病？"

大汉回答道："水痘。已经有十天了。请您救救他吧！"

叶天士连忙拉着朱心传说道："那你还跪着干什么？还不带路去你家。"

大汉缓过神来，带着叶天士二人来到他家。这是一个需要修葺的小院子，房子上的草都已经长出来了。一个妇人抱着孩童，孩童的脸被烧得通红，看上去没半点儿力气。

叶天士给孩子诊了诊脉，询问孩子的病情："除了发高烧，是不是已经很久没排便了？"

妇人点头回答："已经有七日了。先生给我看看我娃的疹子吧！都已经出脓血了！"妇人翻起孩子的衣服，孩子身上满是暗红色的疹子，冒着脓血，好多已经被孩子抓破了。

朱心传见状倒吸了口冷气，说道："你们怎么把孩子的病拖到现在才看？"

那大汉听了，哭诉道："我们是这几年才搬家来到这儿的，起初不知道干什么营生，慢慢就和地痞恶霸们混在了一起，我每天就在城中勒索百姓。儿子生病后，我跟往常一样，在那郎中的摊子上抢了些药，以为会管用。谁知道吃了他的药，我的儿子突然浑身没有了力气，我以为是郎中的药有问题，这才有了今天的事情发生。"

苏州—水乡古镇

叶天士终于弄清楚事情的来龙去脉,起身说道:"你答应我一件事,我就救你的孩子。"

大汉忙跪下说道:"别说一件事,一百件也可以。您说吧!我一定做到!"

叶天士说道:"你从今天开始要用自己的双手做事情,努力赚钱养家,为你的儿子做个榜样。"

大汉怀疑了下自己的耳朵,但看着叶天士的神情,他明白了叶天士的用心,他再次向天士行了一个大礼说道:"先生是活神仙,从今天起,我赵启定当做一个顶天立地的男子汉!"

叶天士满意地点了点头,转身对朱心传说:"快去医馆为他准备三个肉枣,记着用上大戟。"

山茱萸别名肉枣

叶天士让赵启三个时辰后去叶氏医馆取药，然后便起身离开了。

朱心传不解地问师父道："您特意叮嘱让用大戟，这个药名贵非常，且药性猛烈。孩子还那么小，能经受得住吗？"

叶天士笑着说："我问你，你知道那个郎中用的药为什么不奏效吗？"

朱心传思考片刻说道："孩子的表征明显，我猜那个郎中应该用了大黄、石膏等通腑泄热的药。这些都是孩童可以服用的药物，药效很好。可是，为什么不奏效呢？徒弟愚钝，请师父教导！"

"孩童的表征明显，但恶劣，已经能够说明他的病症已经深入到了气营，一般药物已经不能解决，需要用些上等的猛药，帮孩子把体内的毒排出去。"叶天士解释道。

朱心传又问道："师父，这方子用了好多珍贵药材，诊费该怎么算啊？

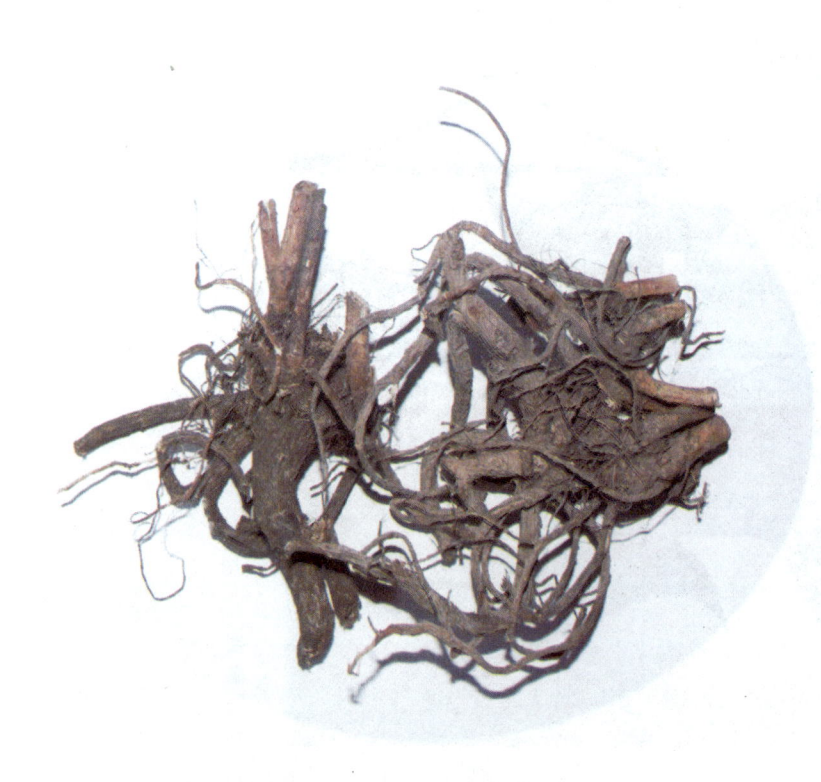

大戟

我看他们也拿不出这些钱啊！"

叶天士笑道："我当然知道。只要能让他改过自新，诊费就免了吧！"

十日后，赵启领着一个孩童来到医馆向叶天士道谢。原来他的儿子已经完全康复，赵启也像变了个人。才几日光景，他脸上已经有了坚毅的表情。叶天士收下他们的谢意，满意地笑了。叶天士觉得，医人固然重要，医心的奥秘也值得他去探寻。

江南百姓都知道当地有名的医生分别是叶天士和薛雪，但二人因同行产生了嫌隙，也是百姓们人尽皆知的事情。正所谓冤家宜解不宜结，二人能够解开心结也跟医术有关。

早春时节，江南的天气像会变脸的孩子，艳阳的天突然下起雨。叶天士的母亲受了凉发起高烧，病势凶猛。叶天士亲自给母亲诊察后

江南园林

迟迟拿不定方子中的用药，从母亲的病情看应当使用张仲景《伤寒论》中写到的白虎汤。白虎汤名如白虎，内含大寒的石膏，对年事已高的母亲来说绝对是剂猛药。叶天士拿不定主意了，思虑再三决定用温和的方子先看看效果。

老母亲服用叶天士开的药方后，病情迟迟不见好转，却有了更加严重的势头。叶天士在医馆中坐诊，不时发出叹息声。医馆的人都知晓缘由，也没有更好的办法。

事情传到了薛氏医馆，薛雪听闻后大笑道："罔世人将叶天士与我同名，我看也不过如此。叶家老妇人的病症就应该用白虎汤治疗，只要选对药材，就不会伤及自身。这样畏畏缩缩不敢医治，也不怕耽搁了病情，真是荒谬！"

薛雪在医馆里说得义正词严，转头这话语就传到了叶天士的耳朵里。叶氏医馆的弟子们纷纷为师父抱不平，认为薛雪不知病人情况就下了这样的定论是虚妄之举。但叶天士却迟迟没有说话，他仔细掂量着薛雪的话。他本就知道白虎汤对症，只是担心石膏的药性，薛雪在话语中提到斟酌用药，说得确实是对的。

叶天士重新为母亲开了方，几剂药后，母亲的病情终于控制住了。老夫人将儿子唤到病床前问道："儿啊！你的医术我是了解的，先

麦冬

前我喝的药经你再三斟酌,但没有见到很大的疗效。这几次吃的新药效果显著,你是如何改良药方的呢?"

叶天士陪在母亲身侧,将事情的原委告诉了母亲。老夫人说道:"事情果真是这样,只能说尺有所短,寸有所长。你们二人过往有些恩怨,现在你该重新思考你们的关系了。"

从母亲房间出来后,叶天士回到了他的书房,看着自己亲手题字的匾额出了神。过了几个时辰后,叶天士命人将匾额摘了下来,备了厚礼,来到了薛府。

薛雪对叶天士一行人的到来感到意外,不知应如何接待。叶天士拱手向薛雪说道:"今日登门拜访,因为受了先生的点拨,才让我年迈的母亲康复起来。之前对您有些误解，曾做出伤害先生的事情，在下感到十分惭愧。希望您能不计前嫌。"

说罢，叶天士命人将匾额抬入放在地上，当着众人踩烂，以示对过往恩怨的了结。薛雪将叶天士的言行看在眼里，深知自己因一直抱着偏执的看法，也做过许多错事，便将叶天士迎入正厅，命人看茶，郑重地说道："过往一切已随风散了，从今以后，希望叶兄能敞开心扉，你我二人一同参透医术的深邃奥秘。"

薛、叶二人就这样以茶代酒，从冤家变成了志同道合的伙伴，一起研习医理，品鉴医书，四处行医救人，成为清代著名的医学双子星。

《伤寒论》

知识加油站

你了解"气营"的由来吗？

清代名医叶天士在《内经》《伤寒论》等基础上，根据外感温热发生发展的一般规律，总结出人体的五脏流血中，通过一系列脏腑活动，传输着生命所需的物质和能量，称为"营、卫、气、血"。"营、卫、气、血"反映了外感温热病不同阶段的不同症型，以及邪正斗争的形势，揭示了外感温热病由表入里、由浅入深的一般规律，从而为治疗提供依据。

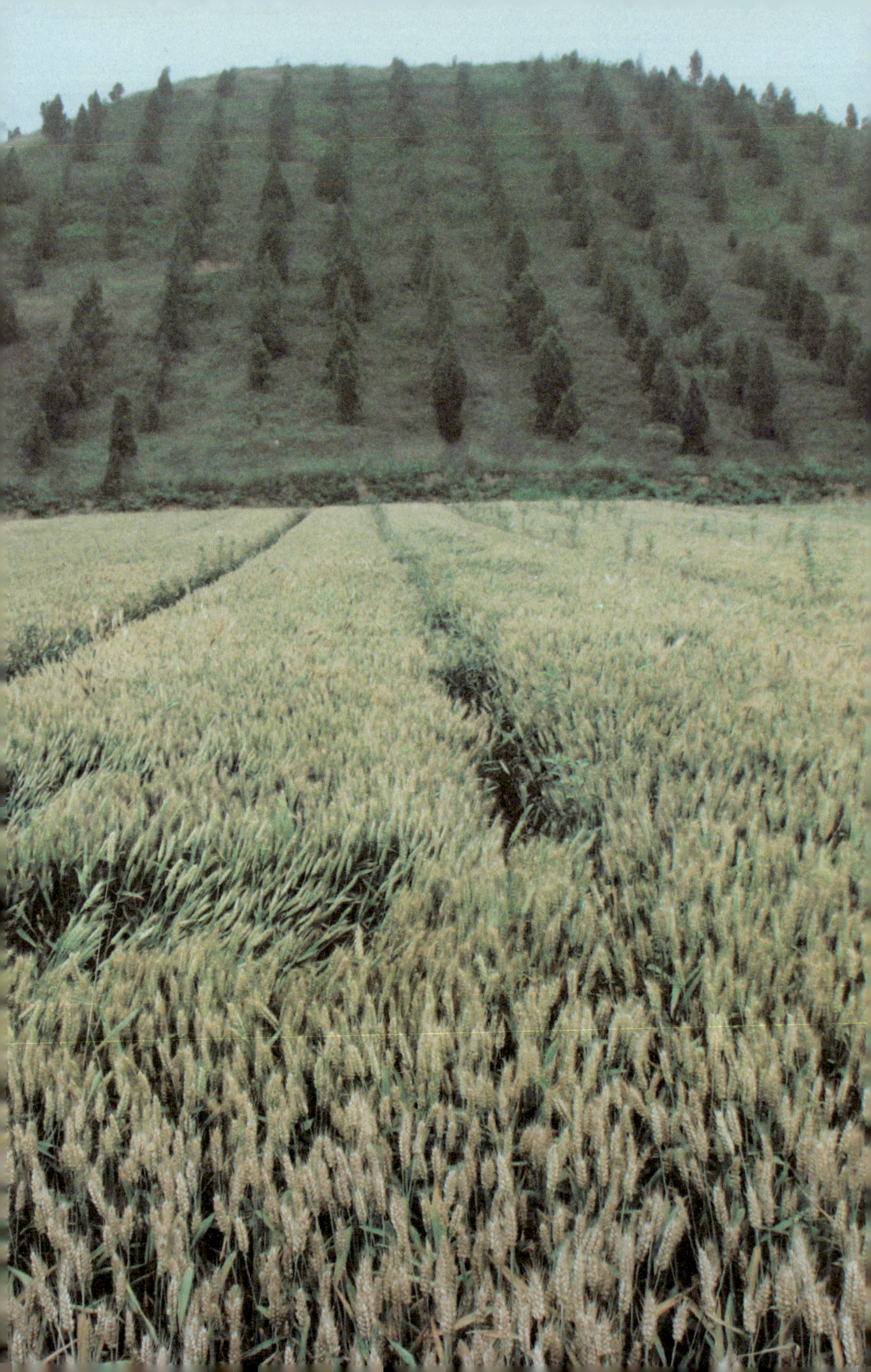

第五章

见微知著 医术如神

在中国古代，但凡有人被称作"神医"，不仅是因为他们医术高超，能妙手回春，治病救人，更是因为他们能治人未能见的"病症"。也就是说，在疾病并没有形成之前或初期没有病症显露时，他们就已经能够预见病症，提前采取措施将病症扼杀，这样的人才能堪称"神医"。在古老中医理念中，这个观点被称为"治未病"。

叶天士四处云游，广交天下名医，学习他们精妙的医术，与他们一起探讨各种疑难杂症，逐渐灵活掌握了治病救人之术。有时叶天士治病并不用药石，而是用声东击西的方法帮助病人去除病痛。

清朝乾隆年间，两江总督的官职相当于现在江苏、江西、安徽、上海的最高行政长官。总督公子从出生便衣食无忧，身份尊贵，平日里锦衣玉食，一直是两江地界的贵公子。这个故事就发生在两江总督的大公子身上。

秋天是收获的季节，也是进行乡试的时间，这位大公子顺利通过乡试，获得举人的功名。全府上下张灯结彩，宴请亲朋好友，席间推杯换盏，众人纷纷向大公子道喜。酒过三巡，菜过五味，大公子只觉得两只眼睛像有东西灼烧，疼痛难忍，以为是接连几日的庆祝，眼睛太过劳累，便提前休息了。可没想到，一觉醒来，他的两只眼睛肿得像被蒸熟的馒头一样。这可急坏了总督大人，连忙命人去寻找著名的神医叶天士。

叶天士恰巧途经此地，很快便来到总督府上。经过诊察后，叶天士说道："公子每天的饮食过于油腻，又接连几天都大量饮酒，体内堆积了太多的热量。热量无处散出，只好从眼睛散出，所以公子的眼睛才会红肿刺痛。公子只要静养七日，便会痊愈。"

大公子听了叶天士的话，立刻说道："原来这种眼疾只要在家待几天就能好啊！那我这几天就在家待着，哪儿也不去了。快叫人把李公子他们请来，陪我打发时间吧！"

叶天士听完公子的话，转念一想，又忧心地说道："公子刚刚只听在下说了前段的话，我还有后面的诊治没有说完呢。公子的眼睛虽然没有大问题，但公子真实的病是在脚下。如果在下的诊治没有错，七天后公子的脚上就要长痈疽，此病才会要人性命啊！"

因为叶天士素有诊病"如红烛照日、不差分毫"的评价，总督等众人都倒吸凉气，询问该如何救治大公子的性命。

叶天士这才说道："幸亏这痈毒发现得早，现在就请公子在家静心调养，每日用右手摸左脚七七四十九下，再用左手摸右脚也是四十九下，每日反复进行七次。七日之后，公子就会平安无事了。在这期间，公子应每日食用粗茶淡饭，早起早睡，一定不要再想那些杂事。"

大公子果真听了叶大夫的话，每天注意饮食，按时用手按摩脚掌。七天后，他再次请来叶天士复诊。见到叶天士后，大公子感激地说："我的眼睛果然像先生说的七天就痊愈了，脚底没有长出痈疽，但不知以后会不会长出来？让人担忧啊！"

叶天士笑道："大公子既然眼疾痊愈，就不要担忧痈毒的事情了。其实并没有脚底长痈疽的事！因为大公子身份贵重，在下只能说有痈毒，会危及生命，才能断了公子平日的念想，专注于用手按摩脚掌，让心火下移，排出体外。再配合粗茶淡饭，让公子的五脏六腑得以休养，这样您的眼疾就会很快痊愈。如果不这样，您虽然在家中，但朋友都来看望您，您的心火还是会留在体内，纵然有灵丹妙药，也不能解除您的眼疾。"

听完叶天士的话，全府都松了口气，大公子也笑着感谢叶天士的声东击西。大公子虽经过七天的煎熬，但眼疾已经痊愈，居然还没有用任何药石，他不住地称赞叶天士果真是现世的天医星啊！

在这个故事中，叶天士让大公子用手按摩足底是十分正确的，因

眼科良方

为中医认为，人的足底是身体的反射区。

叶天士虽名声远播，但对百姓仍怀有一颗仁心，常去吴县周边的村子为村民诊病。一日，叶天士去王村为一名少年诊病，在回城的路上忽然遇到大雨，无奈只能暂避在树下，等雨停了再走。傍晚时分，大雨停了，他开始继续赶路。走到来时的河边，他有些着急了。因为大雨将渡河的桥淹没了，河水变得十分湍急。这地方前不着村，后不着店，这该如何是好？

这时远处走来一个农夫，老农挑着扁担，看样子是准备将家里的粮食挑去城里贩卖了。老农走得很急，估计也是被大雨拖延了时间。老农走近之后，发现面前是著名的叶天士大夫，赶忙停下来说："原来是叶大夫啊！这又是来为我们村的人诊病被大雨拦下了吧！我知道这条河哪里的水最缓，我背您过河吧！"

听完农夫的话，叶天士才松了一口气，赶忙跟随着农夫的脚步，往河水最浅缓的位置走去。老农放下扁担，背起叶天士，准备过河了。河水果然只没到他的膝盖，老农一边背着叶天士，一边与他聊天道："叶大夫，您真是个好人。像您这样有名气的大神医，换成是别人，肯定我们请都请不来。哪有您这样名声大、医术又高的人心里还总惦记着百姓，只要您回吴县，就肯定会来附近的村

泉水

子为村民诊病。您的恩情，我们全村的人都会一直惦念着的！"

叶天士听着老农的话，欣慰地说："老人家，我四处游历，遍访名医，为的就是能够精进我的医术啊！医术精湛了，不就是为了治病救人嘛！这村里不像城里，大夫多，药材也多，村里人看病不方便。我能有时间多来村里走走，帮乡亲们诊治，也算是学有所用吧。"

转眼间，叶天士被安全地送到了河对岸。老农将其放下，准备再次回去取他的扁担。叶天士定了定身，看了老农的气色后，连忙将他拦住说道："老人家，我看您的气色不好，您已经身患重病了，赶快放下手上的事，随我一起进城诊治吧！"

农夫一脸疑惑着说："叶大夫，我看您是因为天色已晚，没看清我的脸。我并没有觉得哪里不舒服，是不可能得了严重的病的！"

听了老农的话，叶天士又说："您就听我的吧！如果现在不抓紧

枫叶如火

医治,到了明年的这个时候,您会有性命之忧啊!"

老农并没有听从叶天士的劝告,认为自己帮助他过河,又表达了对他的敬畏之情,怎么换来的却是自己病入膏肓的话语?这惹得老农十分生气,甩手就往河对岸走去。

古语有云:"病不许治者,病必不治,治之无功矣。"叶天士知道,如果病人不配合接受治疗,那大夫的所有诊治都是无用的。但老农帮助他过了河,他还是想再劝劝,就对着老农喊道:"请随我去医馆医治吧!"

老农像没有听到他的声音一样,只管过河。叶天士无奈,只好摇摇头,继续赶路了。

到了第二年,农夫的头上果然长出痈疽,他的家人连忙来请叶天士。叶天士了解完病情以后,对他的家人说道:"我在一年前就已经看出了他的病症,当时劝他跟我回来接受治疗。如果那时及时采取措施,

落日余晖

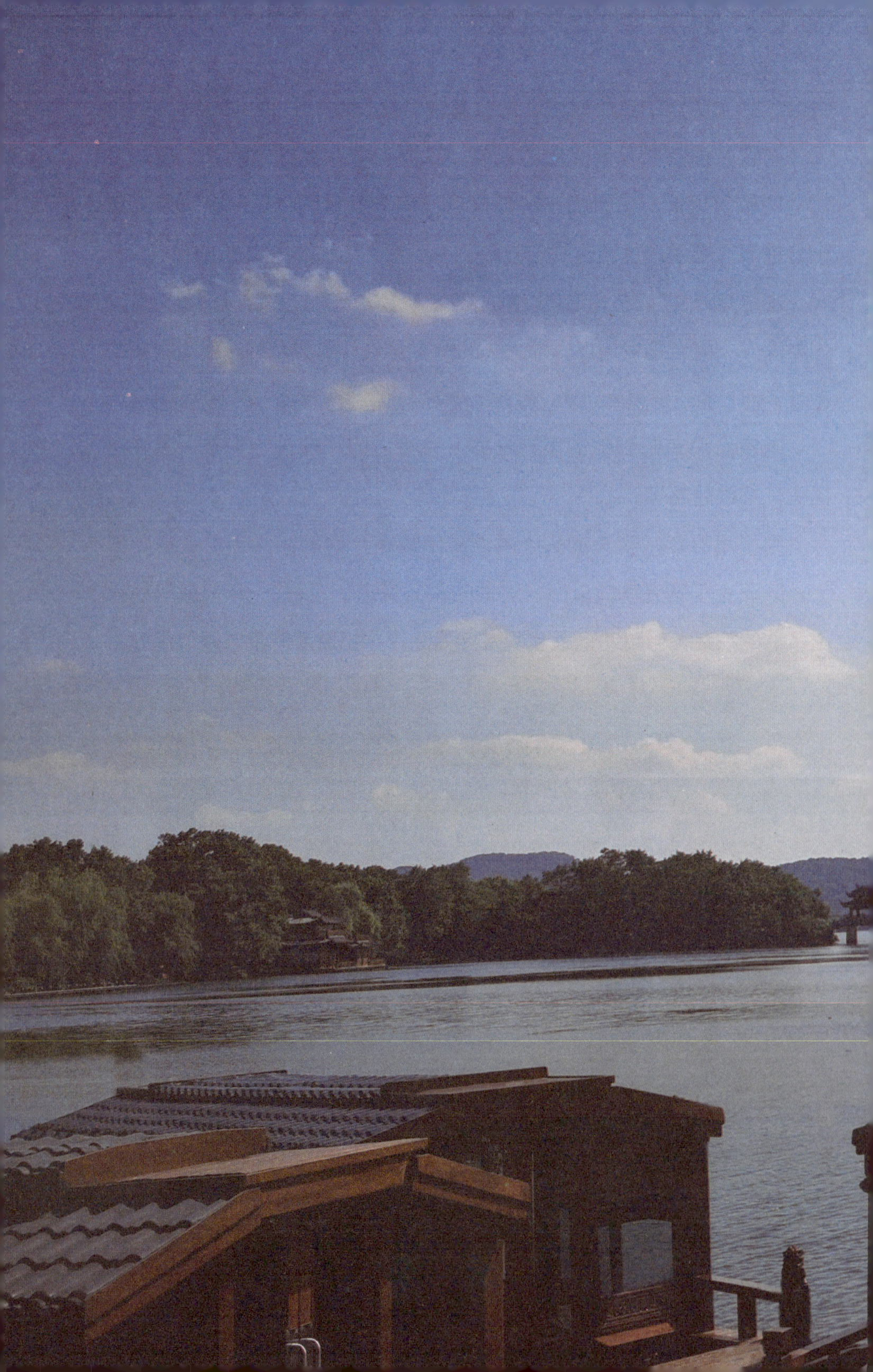

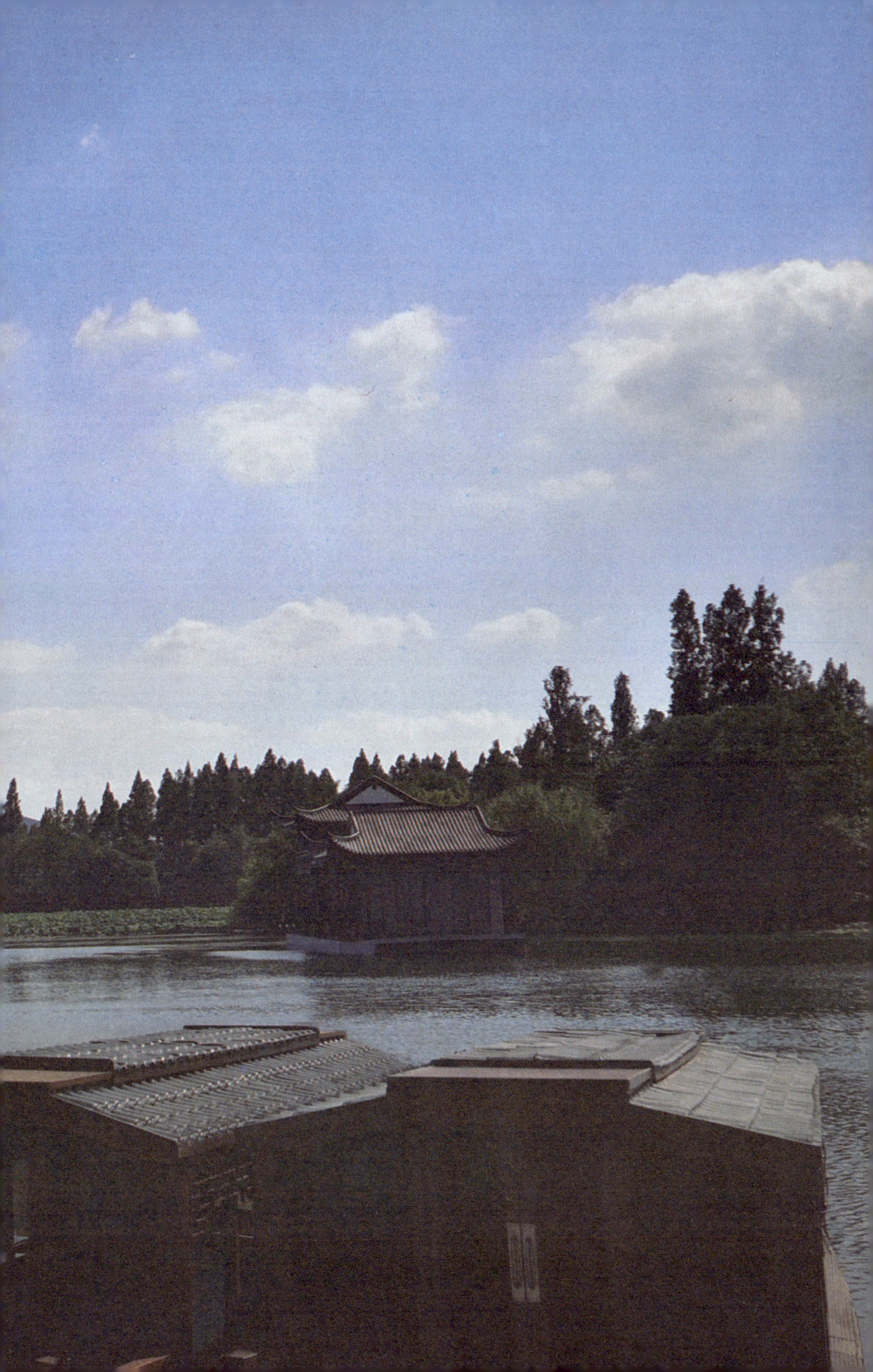

叶天士著作

就不会演变成如今这样严重的病症了。请拿上这些银两，回去陪他过这最后的时间吧！"

送走老农的家人后，叶天士的情绪变得很低落，周围人不解地问其缘由。叶天士感慨道："老农是个心地善良的人，当初他也十分着急赶路，却还是先将我背到对岸，让我先过河。如果当时我再多劝几句，兴许就不会有今天这么严重的结局。这位老农活不过明天了！哎！"

第二天，这位老农果真去世了。众人在惋惜之余都感慨叶天士的医术已经到了见微知著的境界，能够通过细微的征兆，推测出病情的发展趋势。

叶天士一生都在实际接触病症，他以古方为基础，因地制宜，因时制宜，全面了解病人疾病的起因、生活习惯、从事的工作等因素后，再开药治病。他坚持中医诊疗中的望闻问切四诊，不仅善于询问，而且也善于闻。人家用眼睛诊病，他能用鼻子诊病。

在清朝时期，天花仍是传染性极强的传染病。天花病人全身起疹子，然后疹子变成脓包，伴有高热、惊厥的症状，最后死亡。天花发病迅速，病情变化快，是致死率很高的病症。叶天士在长期的摸索中找到了通过鼻子闻病人病气、辨别病人患病程度的方法，配合不同疗效的方子，在治疗天花病上获得了极佳的治疗效果。

一年初春，叶天士的小女儿突然带着她的儿子急匆匆地来到医馆，孩子身上长出很多疹子。叶天士看过以后，知道这是天花病前期的表征，他的外孙感染了天花。

这下急坏了叶家上下，小女儿因为儿子染病，已经哭成了泪人。虽然知道天花常能夺人性命，但一家人仍抱有希望，因为叶天士在治疗天花病中有所成就，大家都期盼着他能治好小外孙。

叶天士先将外孙隔离安置在西厢院中，顾忌天花的传染性极大，他得为全府上下的安全着想。然后他找到小女儿问清病症来源。原来孩子这几日跑去参加庙会，庙会虽热闹，但恰逢初春，人多的地方像天花这样的传染病就容易出现。从庙会回来已经三天，孩子每日都高烧不退，身上也出现红红的疹子。

知道了起病的缘由和时间，叶天士来到小外孙的房间，准备看看他患病的程度。虽有一身医术，但在至亲骨血面前，已经年过五旬的叶天士也迟疑了一下，他是担心外孙的天花病太严重，那么小的年纪要面对死亡，真是让人心疼。重新在心里准备了一番后，叶天士才进入房间。

刚进入房间，叶天士就用鼻子轻轻闻着，心里咯噔一下：不好！屋里好像充满了病气，这病气好像死气啊！他顿时老泪纵横，但仍想再次确认自己的结论。他走到孩子的床前，打开床幔，询问外孙感觉如何。

小家伙虽然病着，但精神尚好，看到外公来为自己诊治，忙起身回答："感觉自己头晕晕的，身上也有灼热的痛，但是自己精神很好，很想早点儿好。看着外面的风，应该可以放风筝了吧！"

叶天士连连说："好孩子，你要按时吃药，外公会带你去放风筝的！"

从西厢院出来，叶天士已经难忍悲痛了。在掀开床幔的时候，他就闻到外孙身上散发的病气已经很严重了，到了不能治疗的地步。他在心里盘算着该如何让小外孙完成心愿。

见到家人后，他如实将病情告诉家人，并让人提早为孩子准备后事，然后安慰女儿道："孩子这个病已经不能治疗了，那就在最后的时间里，多陪陪他吧！给他准备个风筝吧！"

风筝

家人为孩子准备了一个特别的风筝,在放飞那天,小女儿牵着孩子的手说:"母亲希望你能像这个风筝一样,去你想去的地方,看那山川大地、湖泊密林,我会一直陪着你。"

过了没几天,孩子果然因为天花病情恶化,离开了这个世界。

疾病像世间其他灾害一样,当来临时会有一些征兆,像地震来临前,鸟兽四散,家畜也反应强烈。天花也会发出征兆,叶天士就是在长期的摸索中找到了它的预兆症状,通过鼻子闻气味,从这些细微的气体中辨别出病情的状态。

知识加油站

什么是"天花"?

天花是一种由特殊病毒引起的烈性传染性疾病。病人痊愈后可获得终身免疫。在古代,天花是致死率极高的病症之一。由于患病者长出疹子,在痊愈后会留下麻子,所以得名为"天花"。现在预防这类病症主要是通过预防接种。

山川大地

古吳葉天士著

良醫必讀 本草經解

後附音訓 攷證

衛生堂藏版

《本草经解》

第六章

桃李芬芳　传世继学

"春风化雨千山绿,桃李满园硕果香。"叶天士从医六十余载,十八岁开始收徒,一生收徒十几人,其中不少成为传世名医。名师出高徒,他的徒弟顾景文、华岫云将叶天士的医学理念及临症所得搜集、整理,在其过世后集合成集。叶派学说成为中医史上重要的医学流派之一。

在叶天士众多弟子中有个名叫朱心传的人,他是叶天士的师父朱桂祥的亲侄子。朱心传在叶天士十八岁时便跟随他学医,陪他四处游历,在叶天士的身边学习医术四十余年,是他心爱的大弟子。在叶天士出门游历时,叶家医馆便会交由朱心传来照料。

叶天士有个习惯,在回到医馆诊病遇到病患时会先询问几个徒弟的意见,目的是希望徒弟们多从临床实症中获得经验,对照古方的医理,得到更加深刻的理解。

一日,医馆来了一位急匆匆的老妇,想请叶天士去家里出诊。叶天士像往常一样,叫了朱心传跟随出诊。他们一路跟随妇人来到一座充满花香的宅院。院子中的园艺十分讲究，种植了各种花卉，不同品种的花被人精心照料着，能看出，宅子的主人应该是一个十分爱花的人。

老妇人将叶大夫师徒二人放在前厅休息，便去寻她生病的老伴。不一会儿便传来一个老翁的咳嗽声，转眼间一个扮相如园丁的老人走了进来。老人总是在干咳，而且能够看到他面颊上有明显的红疹。

叶天士给老人把过脉后，便吩咐徒弟朱心传也把一下老人的脉象。叶天士询问道："老人家，您这毛病已经有些时日了吧？身上的红疹也是时长时消吧？"

老人点头说道："确实身上最近泛起红疹，而且现在感觉咳嗽有些严重。"

花朵

缕缕清香

这时老妇人说道:"前些天突然下雨,我家老头子担心自己种的花被雨打坏,便站在大雨里给花铺上竹笠。从那以后,他便开始咳嗽了。但身上的红疹却不知道是什么时候长起来的。每到夏季,他都会长起一身红疹,已经有几年了。之前一直没放在心上,现在有些严重了,快请叶大夫帮忙诊治啊!"

听完二人的话,叶天士和朱心传相视一笑。老妇人看在眼里,便知道他们是有了治愈老头子的办法了,连忙问道:"先生是否有了治愈之法?"

叶天士点头道:"老人家,您的花圃里是否栽种了粉扑花?"

老人点头称是。

叶天士又说道:"这种花可是出名的咬人花,以后您就别种啦!"又对朱心传说道:"你看张仲景的方子是否能够治愈他?"

芬芳馥郁

朱心传问道:"张仲景的方子里有治疗被花咬的方子吗?"

叶天士笑着回答:"川桂枝,杏仁,薏仁,艾草,生姜,大枣。"

出了宅子,师徒二人往回走。朱心传迫不及待地问师父:"您说的是花会咬人,引人咳嗽。但您使用的却是医圣辛温的方子,我看您的用意应该是想用辛温的药将老人体内的寒气逼出来吧!"

叶天士笑道:"确实就是要逼出他的寒气。但是这花确实咬人,花粉能引人出疹,老人长期接触花粉,导致肌肤表面只要接触到花粉就会全身长出红疹。所以老人在夏季大量开花时才会出疹。这花毒在体内堆积不能排出,老人又因为淋雨致风寒入体,咳嗽不断。这回你该明白方子中每味药的作用了吧!"

朱心传连忙向师父鞠躬道:"感谢师父的步步引导,我才领悟到此方的精髓所在。天下之大,看来真有能咬人的花啊!"

丹桂飘香

孟子曰："不以规矩，不能成方圆。"所谓医界的规矩，除了国家相关法律、法规外，应该还有无形的医德、医风。一代中医大家叶天士幼承庭训，少年失怙，这样的人生经历，促使他懂事早，学医勤。所以，到叶天士开门收徒时，已感悟良多。他提出的"三需三戒"，虽言简意赅，但意味深长。

叶天士在老年时，子孙和众多弟子继承了他的医术，每日在医馆轮流坐诊，因为家人想让他多休息。专研医术一生的叶天士得以开始总结自己的医术心得，让爱徒们整理医案，这为传统医学中温病学的理论奠定基础。

这一年，又是丹桂飘香，叶天士虽临症依旧，人也精神抖擞，但却已到花甲之年，叶家阖家想为他过一个隆重的六十岁大寿。叶家子孙与他所收的十几个徒弟为这次大寿做足了筹划。他们深知叶老的心性，所请之人中只有老爷子的至交好友和志同道合的医家掌事。

宴会当晚，叶家高朋满座，都是江南医家的传人。叶老爷子恍惚间竟错将寿宴当了医术交流的场地，忙着与他们讨论近日的医学所得。最后，叶天士的夫人提醒他道："今天大家是来为您祝寿的，您别拉着人家只顾研究病历，这满园子的人都等着您开席哪！"

叶老爷子看着满座的亲朋好友，激动地说

桂花

道:"叶某十几岁学医,师从十七师。知晓光阴飞速,毕生都珍惜时间,钻研医术。却也经不住时间洗礼,如今已到花甲之年。虽治病救人无数,但知道学无止境,医亦无止境。如今我育有两子一女,一生收受十几个徒弟。在座的都是我的至交好友,都是伴我求医、研医的好友们。感谢大家这些年的相伴;感谢我的夫人为我的理想耗费了一生的心血,支撑我,鼓励我,叶家有如今的景象,都是你默默付出的结果。最后,我要感谢叶家的列祖列宗。叶家到我这里是四代从医,我虽少时经历家族变迁,但历代从医的经验影响了我的一生。没有祖先的真知相伴,天士不会在从医的路上走得如此深远。"

满座的人听闻叶老爷子说话至此,纷纷起身,共同举杯,向从医

《本草经解》

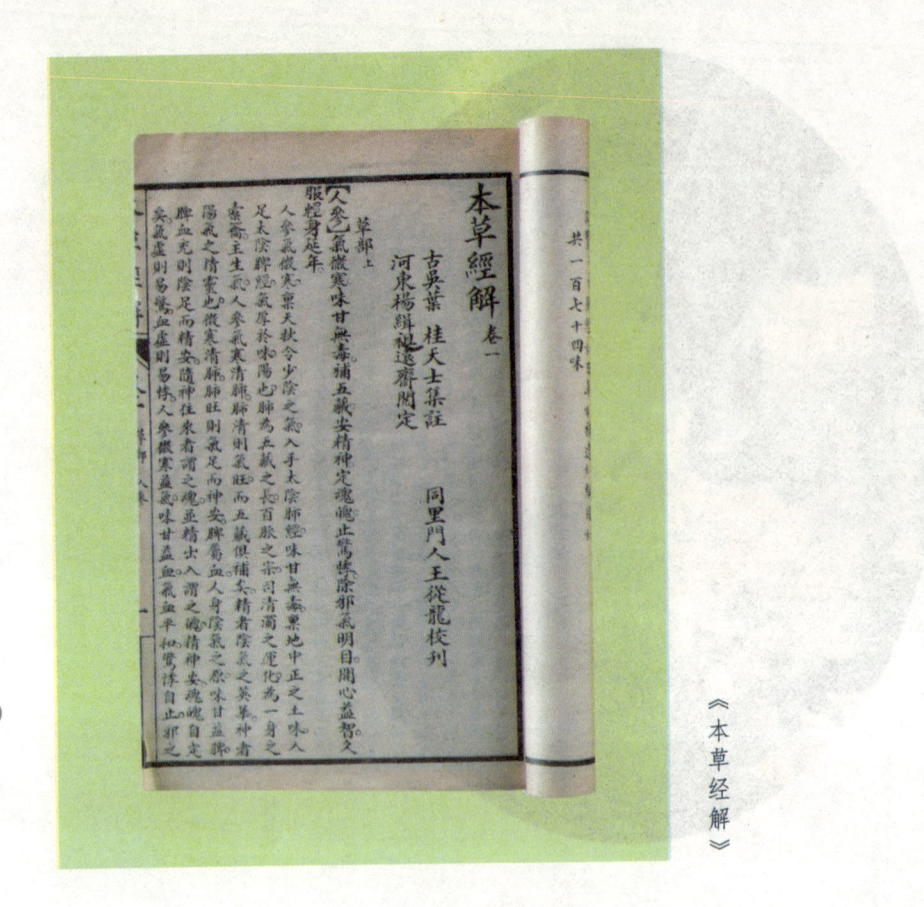

的先贤们致敬，向默默支持的家人致敬，也向治病救人、悬壶济世的赤诚之心致敬。

花甲之年的叶天士被眼下的场景感动，想起初次收徒时立下的"三需三戒"箴言，十分感慨。从医者当有父母心，菩萨心肠；要勤学、勤思、勤看；要不断学习文化知识，胸有大志；也要戒贪，影响为医的初衷，不能故步自封，自以为傲。

从医四十余年后，叶天士认为从医者应谨记"三需三戒"，还应加上"三敢"。他再次起身，说道："我在初次收徒时曾立下从医之本，徒弟们可还记得？"

顾景文起身道："从医者，需'三需三戒'，需仁、勤、文，戒贪、闭、傲。我们一直谨记师父教导，用它约束自身行为，不敢忘怀。"

叶天士听到徒弟对箴言信手拈来，心中安慰，笑着说道："这是你们为医的根本之源，我希望你们能牢牢记住。但今天我想加上从医者的'三敢'。"

华岫云起身作揖道："师父，您是说为医者应当敢疑吗？"

叶天士听到爱徒的回答，点头道："看来你已参透敢疑的重要所在。我自幼熟读《伤寒论》《黄帝内经》等先贤论著，花费毕生精力不断钻研学习。但它们并非金科玉律。《金匮真言论》谓心开窍于耳，肾开窍于二阴，而《阴阳应象大论》则说心在窍为舌，肾在窍为耳，那心和肾到底开窍于哪儿呢？敢疑才能深思，才会有所创见。尽信书不如无书也。"

朱心传感慨道："这也是我一直思考的事情，但我并未敢质疑先贤的圣哲。今日又得师父点拨，才懂其中的道理啊！师父，那您将其余两敢也赶快告诉徒弟们吧！"

叶天士笑道："从医者在行医时要谨慎推敲，不能盲目诊断，但想要下好结论，就要敢于行事，事后敢于承担责任。所以其余'二敢'就是敢干、敢当。行医在于治病救人，但如若不认真钻研，熟读医书，熟识药理，谨小慎微，那治病与治死也就在一念之间。"

叶天士多年临症，探知伤寒与温病的不同之处，看似相同的病症，却病因不同。积年累月中，他逐渐总结出了温病的系统成因。叶天士被后人称为"温病大家"，但他的医术不只是温病就能涵盖的。他二十岁便提出了从医者的"三需三戒"，历经四十余年从医经验后，补充为"三需三戒三敢"，成为指导学医者的智慧箴言。

自古有云"洞庭天下水，岳阳天下楼"，八百里的洞庭水与湖边名楼的古迹满誉天下。古往今来文人墨客便常被景色吸引，留下许多

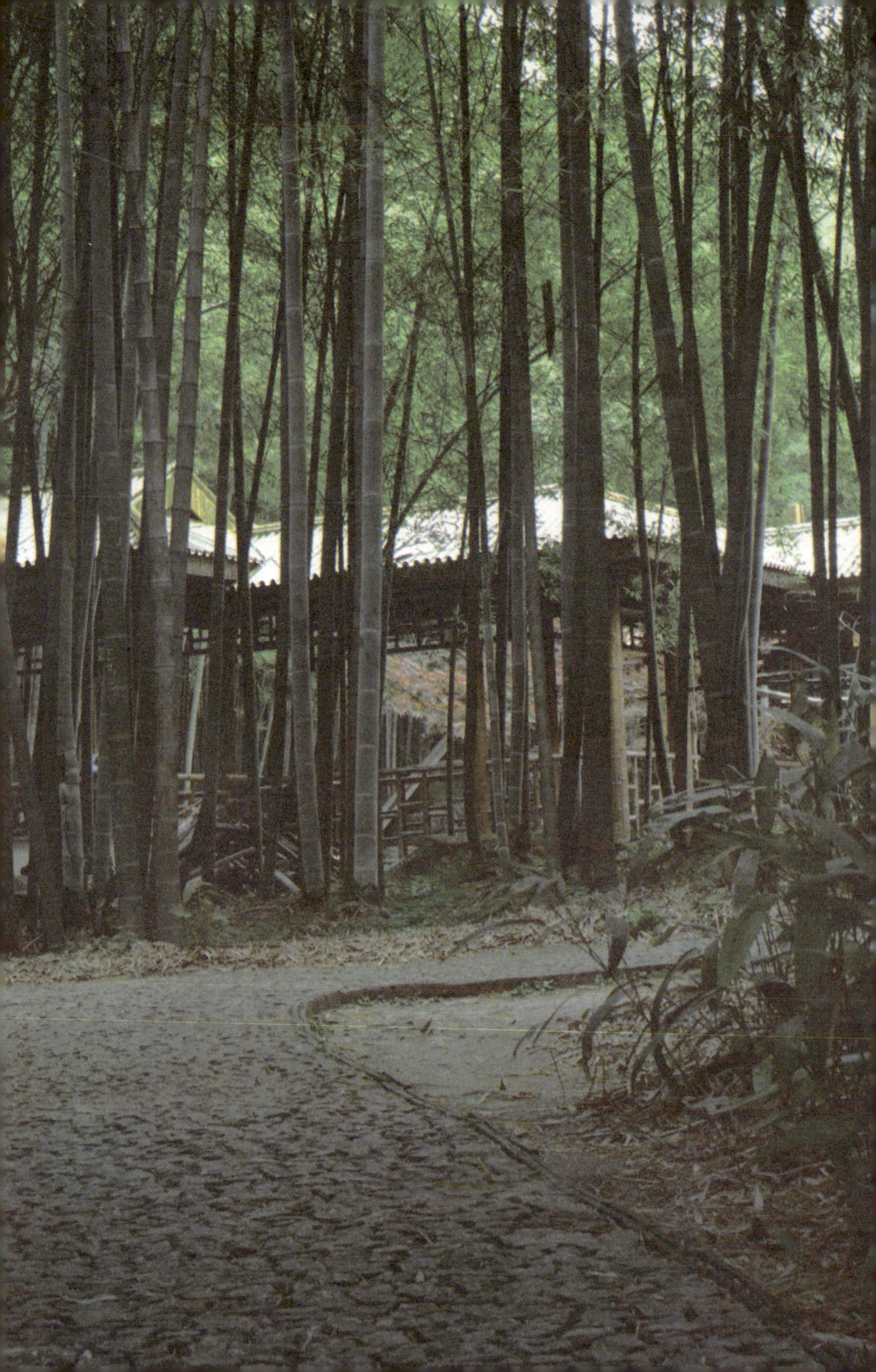

叶天士女科医案

第六章 桃李芬芳
传世继学

传世的诗词歌赋。相传叶天士与学生顾景文游历到洞庭湖畔，见湖光山色，碧波荡漾，湖边杨柳依依，便驻足欣赏闻名千年的洞庭美景。

师徒二人泛舟湖上，碧波浩渺，水波似与天际相接，微风袭来让人心旷神怡。叶天士已过了花甲之年，平日白天奔波在行医问诊之中，晚间还常研读医书直至深夜，很少感受一片安静的岁月静好。几天的游玩，让叶天士的内心感受到如陶渊明的世外桃源，仿佛让他变得静谧、安详，也让这些年的从医经验一幕幕重归眼前，在他的胸中越积越深。

清风徐徐，叶天士青衫微摆，回望自己四十余年的从医之路，心中感慨万千。从初经世事的少年到如今的千丝白发，当年求医之路仿佛就在眼前，从儿科到女科，由药石到针灸之术；从常见症到霍乱时疫，由小镇到大江南北，就好像今日的风，从山间吹入林里，沁人心脾。

寄情山水

叶天士一生勤于医术,很少寄情于山水,这次将徒弟顾景文带到洞庭湖上也是有"大事"商量。作为爱徒,顾景文的心里也十分了解师父此行的目的。他在给师父倒茶的时候,借机问道:"师父,您收我为徒已有四十年,我十分了解您。我们行路至此,并未见您约见名家或同行。此次带我前来,是否有什么重要的事情交付于我?"

徒弟的一番话,将叶天士的思绪拉回小舟上。他心中感叹:果然是自己悉心调教了四十年的爱徒,连自己还未出口的心事都已明了。叶天士接过茶杯,闻着清香的龙井,看向一旁的顾景文,道:"为师问你,伤寒之邪与温病之邪有何不同之处?"

顾景文正了正身答道:"弟子见师父行医数年,自己也开医馆多年,总结出了一些愚见。我认为伤寒之病,多见于冬春,可以《伤寒论》的六经辨证为纲。而温邪之病,四季皆可。师父所授温邪可分'卫、气、营、血'四个阶段,病入不同之所,应以不同之法治之。应该区分二者的病因,分而用药,方能治愈。这与先贤仲景的《伤寒论》中所述实有出入。温病的温风由口鼻入,而非伏寒,此为伤寒不同之处。"

叶天士听完,满意地点头道:"如此看来,将这件事交给你,我应该是放心了。"

顾景文听了师父的回答,忙说道:"师父交于我的事情,我必当竭尽全力,请师父放心吩咐便可。"

师徒二人便在洞庭湖畔安顿下来,每日以青衫、清茶相伴。往来行人常能见到有二人泛舟湖上,一人伫立舟头,时而沉默不语,时而滔滔不绝;一人坐于案前,稳卷疾书。数日时间,二人将叶天士毕生对温病的所得所见归纳总结,并附有相应的临症经验,形成了《温热论》的初稿。

叶天士不禁感慨道:"自幼习医,从医四十余年,花甲之年,居然著成了自己的医典。这部医典浓缩了我临症中对温病的判断,应该算是先贤论著中缺失的补充内容了。"

叶天士在这部著作中对温热病创见非凡,精辟立论,创立了诊治温病的方法。他系统阐释了温病的形成原因及显现的"卫、气、营、血"四个不同阶段,这与现代医学中阐释传染病的

烟波浩渺

《叶天士温热论》

各个阶段不谋而合。病入卫段应以发汗治疗；在气阶段，应清气治疗；在营阶段，应转气清营；在血阶段，则应该凉血散血。这些清代的治病方法，至今仍对临床适用。《温热论》是一部对后世影响极大的医学著作，是温病学的理论基石。

不似北方的严冬大雪纷飞，江南的冬天里常细雨绵绵，天气潮湿，树上依旧留有绿叶。在家人的劝说下，已过花甲的叶天士减少了坐诊时间，在后院中常以书相伴。叶老爷子每日里常抽出时间坐看云卷云舒，研究不同的节气对各类病症的影响。

这一年的冬天如初春一样温暖，干燥少雨。孩子们最为欢喜，冬天里还能与小伙伴们一同在外玩耍。但行医多年的叶天士却眉头紧皱了。在数了些许艳阳高照的日子后，他便吩咐徒弟们着手准备冬天里

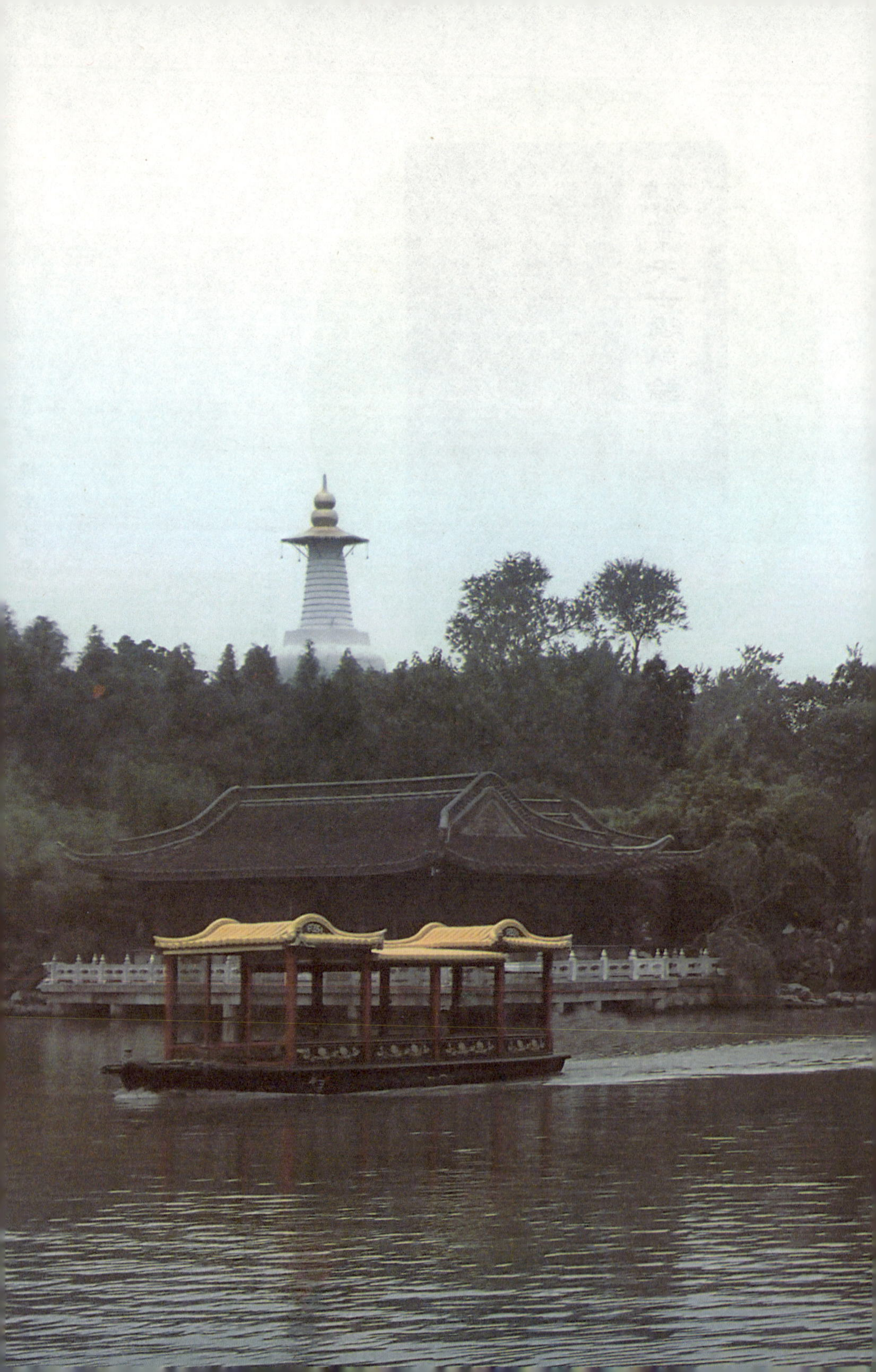

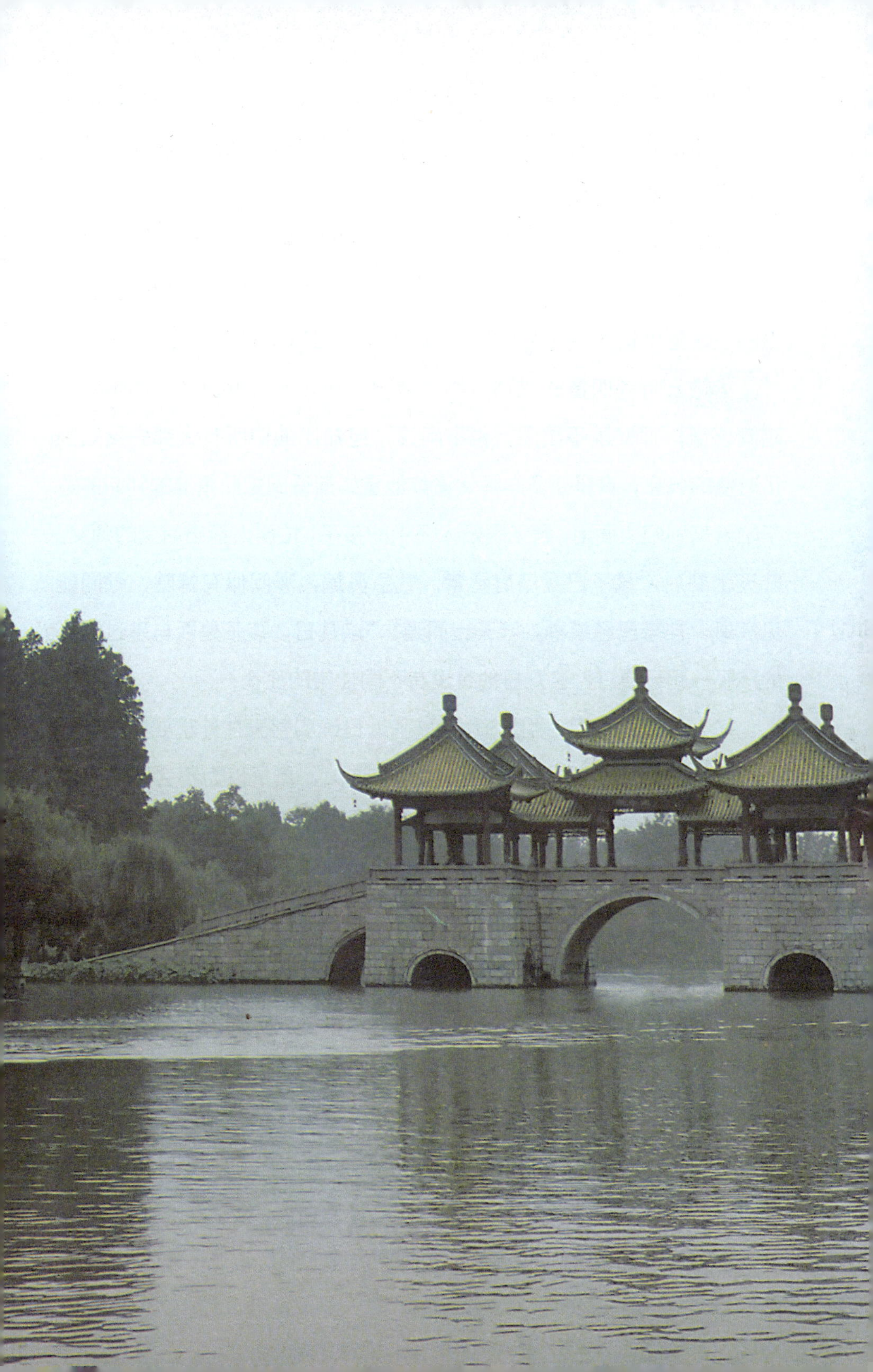

常发的时疫药物。医馆中有不成文的规矩，只要师父提及时疫，便全馆以时疫准备。打扫卫生、焚烧艾叶、囤积时疫药品，一时间医馆上下紧锣密鼓地忙了起来。

医馆里奔忙之时，来了一位妇人，手里抱着一个孩童，孩童双目紧缩，面目赤红，神志已经模糊。妇人低泣着，已经发不出声音。医馆的小医童见状忙将妇人迎入门，赶紧叫今日当值的华岫云来问诊。

华岫云听完医童的描述，心中微微一振，想到近日师父的嘱咐，暗暗感慨，师父虽不出门，也不问诊，但却比他们所有人都先感知到了时疫的气息，真是要多向师父请教他是如何得到如此精准的判断的。华岫云来到妇人面前，看了眼妇人怀中的孩子，忙叫人请出后堂的师父。叶天士到后，孩子已经口唇青紫，气急鼻煽，喉间似有蝉鸣，颈间能见红斑，神志已经模糊。叶天士问道："这几日，孩子是否与患过喉痧的孩子一起玩耍过？这几日他有没有不同往常的症状？"

妇人忙收起眼泪，回忆道："孩子近日确实整天在外玩耍，与前些天患过病的阿志一起。那孩子已病好了许久，真是以为不会过病气的了。他这几天总说自己冷，我以为他只是着凉，便熬了姜汤水给他喝。他晚上睡觉时爱踢被子，我便看着他睡觉，怕他再着凉。"

叶天士摇着头说道："孩子是被过了病气，痧症已显。初到卫时，并未察觉。入气营时，你又用了姜这样的温热药。现已深入营血，内闭包心。这是温邪入体，感染了烂喉痧。所以现在呼吸困难，深入脏腑所致。"

女子听说病气已入脏腑，便又抱着孩子哭起来。叶天士忙让人把妇人扶起来，说道："虽入脏体，但我并未说不能治了。快把银针拿过来。"叶天士手起针落，刺入孩子耳垂，挤出几滴黑血后，孩子哇哇地哭起来。叶天士笑道："这就好！这就好！这样就有救了！"

泡芙片

他转身,写下药方,命人仔细交付给妇人,嘱咐用药的方法与喉痧症的护理方法。叶天士起身叫所有的徒弟入内室,本是担心这场时疫,但见过这个患病的孩童后,可见这场时疫确实是来势汹汹。师徒落座后,叶天士说道:"时疫已到,之前让你们准备的药物是否备齐?"

众人纷纷回答自己所负责准备的物品已准备妥当。叶天士满意地点点头,吩咐道:"这场时疫比我想象的要严重,城中条件尚好,时疫仍在愈后过病,可见城外流民的水深火热。今日开始,从医馆中抽调人手,在城外搭建临时医棚,免费为流民提供救治。为医者应当以救世为己任,我希望我们能尽微薄之力。"

这场疫病确如叶天士所估来势凶猛,疫病影响之广震惊朝野。叶家医棚成为江浙受病流民的希望,官府也因此将救济粥棚搭建在了叶家医棚旁,这成为官民同心的一大善举。医棚中,朱心传、顾景文、华岫云等叶天士的爱徒们轮流坐诊,几个帮徒拿药、熬药、分药。叶天士也坐在一张旧桌子旁为人诊治。

一天,医棚外来了一位手拿破碗的老妇人,踉跄着摔倒了,破碗砸落在地,发出一声脆响。众人闻声抬头看去,离老妇人最近处的朱心传起身一个箭步,来到老妇人的身边,俯身查看老妇人的状况,说道:"温邪上受,寸口脉独大,全身发痧,呼吸困难。快拿酸乌梅,老人需要刺激牙关。"但是,帮徒传来的话却是酸乌梅已经用尽。情急之下,朱心传来不及思虑,撑开老人的嘴,帮老人将喉中的浓痰吸出,老人终于喘匀了气息。朱心传交代好老妇人药方,命人照顾老人,便又转身继续诊治其他患者。

几天后,老妇人病情好转,感激地谢过朱心传。可没想到的是,朱心传却感到自己发热,继而出现了严重的症状。叶天士知晓爱徒的

乌梅

病症，忙让人将朱心传接回府内休养，亲自为朱心传诊治。

又过了几日，朱心传周身出现红疹，人已昏昏欲睡。叶天士知晓朱心传的病已无力回天，病已深入脏腑，便命人用人参等名贵药材护好他的心力。朱心传其实也知道自己已时日无多，便对师父说："这场时疫来势汹汹，似与平日的喉痧不同，请师父指点我一二吧！"

叶天士闻声说："你先多休息，别再为时疫的事操劳了。"

朱心传笑着说："师父，我跟随您从医已有四十年，您是师父，亦是父兄。我已知自己无多少时间，请解了我心中之惑吧！"

叶天士闻之动容，看着自己心爱的徒弟即将被疫症夺取生命，不由心中悲怆，说道："此次疫症是由口鼻入邪祟，初期卫气同病，迅速入营血中，扰乱神志。你当日救治那老妇，实则以口入邪，发病之时已深入营血。"

朱心传听了叶天士的点拨点头说道："发热、喉痛等症看似与《伤

荷花

寒论》中记载相似，却病因不同。既然能用师父的卫气营血辨证法治疗，师父应当记入《温热论》之中，以示后人啊！"

叶天士看着眼前生命垂危的朱心传仍心系病情，安慰地说道："你多年从医问诊，已有了自己的见解。我很欣慰，你能在先贤的论证中推陈出新，也算不枉你从医四十年了！"

叶家在这场时疫中怀着悲痛的心情安葬了朱心传。葬礼过后，叶家敛起悲伤，继续投入这场时疫之中。叶天士被世人誉为天医星转世，却没能留住自己心爱的徒弟，这让年迈的叶天士倍感心痛。他知晓从医应学无止境，只有坚持不懈地学习，才能寻找到抗击病魔的方法。

清乾隆十年（1745 年），一代名医叶天士在亲人和心爱的弟子陪伴下因病过世，享年八十。叶天士一生都致力于医学的发展，治病救人，精通儿科、妇科及针灸之术，在温病学上见解独到，为后世留下珍贵的温热病论著《温热论》。他在医学上通晓古今，善于因时制宜，因地制宜，不拘泥于书本，常提出新方法改良治疗办法，是中医史上一颗耀眼的明星。

叶天士晚年移居苏州城，居住在上津桥畔，号"上津老人"。过完八十大寿，叶天士就感觉到自己身子不如从前，一病不起。他知道自己不久将离世，便让人将他的至交好友薛雪请来。

薛雪入府后，帮老朋友精心调理，但也知道叶天士已经命不久矣，便在叶府住下，陪伴挚友走完最后的人生路。叶天士病后，他的两个儿子也搬回来侍奉父亲，四世同堂，让孩子们多伴着他，讨他欢心。

叶天士的弟子们也不再外出游历，留在叶府陪伴在师父病床前。顾景文着手整理洞庭湖上听师父口述的《温热论》初稿，当时只是随手记录，只言片语不能表述老师的精髓。在修改时，只要碰到不能理解的地方，他便去请教师父。作为叶天士的爱徒，他深知只有让师父

專治女科血崩奇效方

全當歸二兩 川芎二錢 白芍藥二個炒
於白术炒 地骨皮各一錢 雞血藤膏三个以膏可血天津建仁堂買
以上除籐膏不煎餘將各藥煎好將籐膏打
碎放藥碗內再用熱藥汁冲入外加熱黃酒
半盅童便半杯合服

从事所钟爱的医术，才能让他燃起求生的渴望。

叶天士一生勤于实症，治疗的病患千千万，留下许多治疗的医案无人整理。他的徒弟华岫云便将老师的医案收集起来，分类整理。在叶天士养病期间，华岫云跟师父详细说了自己整理医案的打算，让身患重病的叶天士感到欣慰。

一日，用过晚饭后，叶天士将众人叫到他的卧房，环顾着他一生相伴的发妻、孝顺的孩子及晚辈，悉心教导的弟子们，他的至交好友。

叶天士欣慰地说道："我这一生将生命都用于专研医术、治病救人。行医六十多年来，我遍访名医，四处游学问诊，经过我的手得到救治的人成千上万，世人都说我医术精湛，能够妙手回春。但我自己深知，

叶天士医书内文

在我手中没得到更好医治而身亡的人也很多。每次遇到这样的病患，我就告诉自己，行医者要继续学习钻研，精进自己的医术，切不可轻言能行医。如果你未广泛阅读先贤的古医书，未走遍五洲寻求更精妙的医术，仅仅用些粗浅的知识为病患开方治疗，很可能你的药就会变成毒药。行医者一定要学识渊博，富有才能，不断学习，取长补短，在实践中感知行医的精妙。"

一席话后，众人都感受到叶天士视医如命、以医为痴的志向。他病中的面庞有些清瘦，但眼中仍冒着执着之光，众人看后不禁都落泪了。

数天后，在一个天朗气清的清晨，叶天士离开了人间。这个行遍大江南北，对医术如痴如醉，将毕生的经历倾注在专研医术、救死扶伤的医学大家过世了，但他执着的精神将继续影响着一代又一代医者。

知识加油站

叶天士提出的"卫气营血辨证法"是什么？

卫、气、营、血在《内经》中是指构成人体和维持人体生命活动的基本物质。至清代，叶天士根据前人有关营卫气血的论述，结合自己的实践经验，在《温热论》中将卫气营血作为温病的辨证纲领，用以分析温病病情浅深轻重及其转变规律，把温病的发生发展过程概括为四类不同症候，并提出相应的诊法和治法，从而创立了卫气营血辨证这一理论体系。

《黄帝内经》

后记

叶天士，名桂，号香岩，别号南阳先生、上津老人，生于清代康熙五年（1667年），卒于乾隆十年（1746年），江苏吴县（今苏州）人。清代医家以叶天士、薛雪、吴鞠通、王孟英四大家为代表，叶天士为温病学派的奠基人之一，成就最为卓著，代表作有《温热论》《叶案存真》《木刻本叶氏医案》。

在中国医学史的长河中，叶天士是有着巨大贡献的伟大医家之一，后人称其为"仲景、元化一流人也"。叶天士创立了"卫气营血"的辨证论治理论体系，系统地阐述了温病的病因和病机，发展了温病的诊断方法，极大地丰富了温病学的内容，为温病学的形成和发展做出了重大的贡献。叶天士不仅是一位卓越的温病学家，还是一位杰出的杂病大家。他对杂病的治疗独具特色，如理虚大法、奇经论治、论阳化内风、脾升固降等。叶天士辨证精细，立法中肯，以"治未病"为精髓所在，能够辨识病源，在发病前切中治病机理，也能将陈年顽疾清除。清代大臣、诗人、著名学者沈德潜在他的《沈归愚全集》中这样评价叶天士："以是名著朝野，即下至贩夫竖子，远至邻省外服，无不知有叶天士先生，由其实而至名归也。"这足以看出叶天士声名远播，医术得到朝野内外的认可。他的著作《温热论》被现今中医学家们推崇为温病理论的基石，使温病的诊治过程日趋完善。他的大量流传于世的杂病医案、良方，也深受后世学者们的推崇和传播，影响深远。从《清史稿》记载中就能窥见一斑，《叶天士列传》中记载："大江南北，言医者，辄以桂为宗，百余年来，私淑者众。"

叶天士是温病学派的奠基人物之一，也是一位在儿科、妇科、内科、外科、五官科贡献斐然的医学大师，史书称其"贯彻古今医术"。无论

《叶天士列传》内文

是叶天士的医学理论，还是他严谨的治学态度，虚怀若谷、谦恭好学的精神都是值得后人珍惜和学习的瑰宝。

　　叶天士将毕生精力用于亲临诊务，无暇著书立说。他致力于用所学医术救治更多病患，在无数的临症过程中，探寻其中规律。以温热病为例，温热病是江浙地区常见的一种时疫，叶天士在不断地摸索中找到了治疗该病的方法，形成了温病学派的奠基理论《温热论》，是温病学说中承前启后的一部著作。《临证指南医案》同样是由叶氏门人整理编辑而成，所载医案深入儿科、女科、外科、五官科等各种疾病，医案记述完整，体现了叶天士精深的学术见解、独特的辨证思维，以及别样的治疗方法。《友渔医话》曾谓："近来习医者，案头无不置一叶氏医案。"这一记载既形象地描述了这一历史事实，又恰当地评论了此书的学术价值。

叶天士像

在张仲景《伤寒论》基础上，叶天士总结历代医家的相关学术观点，结合温病的发病特点，全面阐述了温病的发病规律和传染特点，创立了以卫气营血为纲的症治体系。

经过大量临症经验，叶天士认为，温病在发展过程中可以通过观察舌齿变化看出病症的发展情况，这是诊断的有效依据。《温热论》约有三分之一的篇幅记载了对舌齿辨别变化。由于叶天士对温病诊法理论，都是多年临床经验的成果，具有很高的实用价值，有效地指导着温热病的辨证治疗，从而极大地充实了温病诊断学的内容。

叶天士除了在温病学上的造诣外，还强调了脾胃分论，创立了胃阴学说。将脾胃说分化为重视脾升的同时，也兼顾了胃降的治疗，达到养胃阴的功效，纠正了当时用治脾的药笼统治胃的误区，受到后人的广泛赞许。在杂病中，叶天士发挥奇经辨证，与传统脏腑经络辨证理论相结合，为中医杂病治疗开拓了新门径。

叶天士传承前人对温病的总结，结合多年临症的经验，创立温热病辨证论治体系及治疗大法，促进了 的形成与发展，对后世研究产生了深远影响。叶天士博采众长，遵古不泥，虚怀若谷，在杂病辨治方面亦独树一帜，对中医学术发展做出了重要贡献。